Jean-Claude Kaufmann
Das verstehende Interview

W0059861

édition discours

Klassische und zeitgenössische Texte
der französischsprachigen Humanwissenschaften

Herausgegeben von Franz Schultheis
und Louis Pinto

Band 14

Jean-Claude Kaufmann

Das verstehende Interview

Aus dem Französischen übersetzt
von Daniela Böhmler

UVK Universitätsverlag Konstanz GmbH

Veröffentlicht mit Unterstützung des Französischen Ministeriums für Kultur –
Centre National du Livre

Die Deutsche Bibliothek – CIP-Einheitsaufnahme

Kaufmann, Jean-Claude:
Das verstehende Interview / Jean-Claude Kaufmann. Aus dem Franz. übers.
von Daniela Böhmler. – Konstanz : UVK, Univ.-Verl. Konstanz, 1999
(Edition discours ; Bd. 14)
ISBN 3-87940-612-X

ISSN 0943-9021
ISBN 3-87940-612-X

Titel der Originalausgabe:
L'Entretien compréhensif
© Editions Nathan, Paris 1996

© Deutsche Ausgabe: UVK Universitätsverlag Konstanz GmbH,
Konstanz 1999
Satz: Claudia Wild, Konstanz
Einbandentwurf: Riester & Sieber, Konstanz
Druck: Konkordia Druck GmbH, Bühl/Baden

UVK Universitätsverlag Konstanz GmbH
Schützenstr. 24 · D-78462 Konstanz
Tel. 0 75 31-90 53-0 · Fax 0 75 31-90 53-98
www.uvk.de

Inhalt

II. Mit der Arbeit beginnen: Schnelligkeit, Wendigkeit und Empathie

III. Der Status des Materials

IV. Die Theoriebildung

V. Die Arbeit beenden

Einleitung

Das Interview scheint sich – trotz immer wieder neuer Versuche – jeglicher Art methodologischer Formalisierung zu widersetzen. In seiner praktischen Anwendung basiert es nach wie vor auf handwerklichem Können und der unspektakulären Kunst, die vorgegebenen Elemente stimmig zusammenzufügen. Wenn eine Methode vorgestellt und erklärt wird, bedient man sich meist eines abstrakten, makellosen, aber nur schwerlich anwendbaren Modells. Die tatsächlich in der Praxis angewandten Vorgehensweisen hingegen verkriechen sich verschämt im Dunkeln, als fühlten sie sich nicht präsentabel genug und deshalb schuldig.

Zunächst ist das Interview eine ökonomische und leicht zugängliche Methode. Es genügt, über ein kleines Aufnahmegerät und ein wenig Mut zu verfügen, um an Türen zu klopfen, ein Gespräch um einen bestimmten Fragekomplex herum in Gang zu bringen und dann aus dem gesammelten »Material« informative Elemente und Illustrationen für die Ideen zu ziehen, die man entwickelt – und die Partie ist schon fast gewonnen. Wer sich zu helfen weiß und auf seinen gesunden Menschenverstand vertraut, kann auf diese Weise eine Umfrage zustande bringen, die einigermaßen ordentlich daherkommt. Probleme treten allerdings dann auf, wenn die Untersuchung wiederholt oder verbessert werden soll: Das, was zunächst einfach erschien, widersetzt sich der Perfektionierung. Dieses Mysterium ist um so beunruhigender, als der Schatten der Magister- oder Promotionsprüfer durch die bösen Träume des Betroffenen geistert: Sind das nicht genau die Fragen, die sie so gerne stellen? »Anhand welcher Kriterien haben Sie Ihre Stichprobe ausgewählt? Ist sie repräsentativ? Was beweist uns, daß das, was Sie sagen, auch stimmt?« Nicht immer unbedingt sonderlich triftige, aber für Prüfer doch immerhin naheliegende Fragen. Denn ihre Rolle besteht darin, Garanten für die Seriosität der Arbeit zu sein.

Und das Interview erscheint als eine weiche, eben fast schon zu einfache, von vornherein suspekte Methode.

Also öffnet der Forscherlehrling seine Handbücher, um die ihm zur Verfügung stehenden Werkzeuge zu perfektionieren. Dort erfährt er, daß selbst das kleinste Lächeln des Interviewers Einfluß auf die Äußerungen des Befragten hat. Beim Führen eines Interviews will alles so genau studiert und kontrolliert sein, daß das Sprechen zu einer delikaten Angelegenheit wird. Desweiteren erfährt er, daß die Inhaltsanalyse so strengen Regeln folgen muß, daß er kaum eine Möglichkeit sieht, sie anzuwenden. Schwer beeindruckt geht ihm sein Selbstvertrauen abhanden. Da er sich bewußt ist, wie weit er vom Idealmodell entfernt ist, ist er in der Regel gezwungen, sich einer doppelbödigen Sprache zu bedienen: Er verschleiert die tatsächlichen Vorgehensweisen, die es ihm erlaubt haben, seine Forschungsarbeit durchzuführen, und schreibt statt dessen ein hübsches methodologisches Kapitel mit einer Unmenge von Zitaten, um sich gegen Kritik zu schützen. Das ist kein sehr wünschenswerter Zustand.

Zurückzuführen ist er darauf, daß ein wesentlicher Umstand nicht verstanden wurde: Es gibt nicht die eine, einzige Interviewmethode, sondern mehrere, die so unterschiedlich sind, daß sich die Definitionen ihrer Instrumente widersprechen. Und auch noch so kompetente Generalisierungsversuche führen nur zu Verwirrung, wenn sie diese Widersprüche zu glätten versuchen. Das ist der Grund, weshalb die Perfektionierung dieser Methode so schwierig ist.

In diesem Buch umgehe ich dieses Problem dadurch, daß ich nicht das Interview im allgemeinen, sondern eine ganz besondere Methode behandle: das verstehende Interview. Es handelt sich dabei um eine Methode, die als solche wenig verbreitet ist, zugleich aber anderen Methoden in zahlreichen Aspekten sehr nahe kommt und benachbarten Schulen vieles entlehnt. Zunächst übernimmt sie einiges von verschiedenen Techniken qualitativer und empirischer Forschung, hauptsächlich von den ethnologischen Techniken des Arbeitens mit Informanten.

Aber – und hierin liegt die Originalität dieses Buches – das Konzentrat der *in situ* gesammelten qualitativen Daten in Gestalt der Tonbandaufnahme der Aussagen wird zum zentralen Element des Dispositivs. Die Methode des verstehenden Interviews weist also auch einige Überschneidungen mit der gewöhnlichen Technik des Leitfadeninterviews auf. Dennoch werden die Ethnologen angesichts einer Methode fassungslos sein, die es beispielsweise erlaubt, Praktiken auf der Grundlage des gesprochenen Worts zu analysieren, und die Experten des Leitfadeninterviews werden überrascht sein, wieviele ihrer üblichen Handlungsanweisungen (bzgl. der Neutralität, der Auswahl der Stichprobe etc.) in ihr Gegenteil verkehrt werden. Das verstehende Interview befindet sich also am Schnittpunkt verschiedener Einflüsse, stellt gleichzeitig aber eine sehr spezifische Methode mit einer großen inneren Kohärenz dar. Aus diesem Grund grenzt sie sich – trotz ihrer Nähe – gegenüber benachbarten Strömungen ab.

Die Feststellung der Besonderheit des verstehenden Interviews wirft zunächst einmal die Frage nach seiner Verwendung auf. Das heißt, bevor dieses oder jenes Element im Geiste der Methode einzeln zum Einsatz kommt, muß zunächst die übergreifende Logik verstanden werden. Die Tatsache, daß das verstehende Interview eine sehr spezielle Methode ist, hat mich beim Verfassen dieses Buches vor ein Problem gestellt, wenn es darum ging, bestimmte Aspekte zu illustrieren. Natürlich hätte ich einfach Beispiele aus Arbeiten anführen können, die dem verstehenden Interview nahe kommen. Aber das Risiko, daß damit alles vage und verschwommen bleibt, war so groß, daß es schwierig geworden wäre, ein kohärentes Gesamtbild entstehen zu lassen. Ich hielt es deshalb für besser, nur Arbeiten heranzuziehen, die ganz strikt dem Geist dieser Methode entsprechen. Und das sind nun einmal meine eigenen Arbeiten, was auch kein Zufall ist: Die Prinzipien des verstehenden Interviews sind nichts anderes als die Formalisierung eines konkreten Savoirfaire, das aus der Feldforschung gewonnen wurde und ein persönliches Savoir-faire ist. Damit begebe ich mich erneut in die

Nähe der Ethnologen und ihrer Feldtagebücher (von denen viele äußerst nützliche Werkzeugkisten für junge Forscher darstellen), lediglich mit einem höheren Grad an Formalisierung und Generalisierung. Einige könnten nun denken, daß ich mich hier nicht gerade sehr bescheiden zeige. Und dies um so mehr, als ich es an manchen Stellen vorziehe, in der Ich-Form zu schreiben statt zu verallgemeinern. Doch ich glaube aufrichtig, daß der Grund dafür nicht in Unbescheidenheit, sondern ganz im Gegenteil in dem Zurückschrecken davor liegt, ausgehend von Vorgehensweisen, die mir all zu persönlich erscheinen, Verallgemeinerungen anzustellen.

Die Beispiele sind zwei Untersuchungen entnommen (einer Analyse von Paarbeziehungen ausgehend von ihrem Umgang mit der Wäsche und einer Analyse des Oben-Ohne am Strand), die zur Veröffentlichung von zwei Büchern geführt haben: *Schmutzige Wäsche. Zur ehelichen Konstruktion von Alltag* und *Frauenkörper – Männerblicke*.

Doch nicht nur anderen methodologischen Strömungen, sondern auch anderen theoretischen Richtungen habe ich viel zu verdanken. Der Ort, an dem sich das verstehende Interview in der intellektuellen Landschaft situiert, ist keineswegs beliebig. Darauf weist bereits das Adjektiv »verstehend« hin. Es geht darum zu verstehen, im striktesten Weberschen Sinne, das heißt, daß die »Intropathie« lediglich als Instrument dient, das zum Erklären führen soll, und nicht an sich schon Ziel und Zweck ist, also kein intuitives Verstehen, das sich selbst genügt. Das Hauptziel der Methode ist die Theorieproduktion wie Norbert Elias sie versteht: als Herausarbeiten einer möglichst feinen Wechselwirkung zwischen Daten und Hypothesen. Es geht also um eine Hypothesenformulierung, die um so kreativer ist, als sie in den Tatsachen wurzelt, eine Hypothesenformulierung, die von »unten«, vom konkreten Terrain ausgeht, eine, wie Anselm Strauss es formuliert, *Grounded Theory*, die besonders gut dafür geeignet ist, soziale Prozesse zu erfassen. Diese kurze Beschreibung der theoretischen Konstellation, innerhalb derer sich das verstehende Interview bewegt, wäre unvollständig, würde nicht ein kurzes Wort zur Position des Forschers hinzugefügt. Das Idealmodell wurde von Wright Mills formuliert: das des »intellektuellen Handwerkers«, der, basierend auf dem Untersuchungsfeld, selbst seine Theorie und seine Methode konstruiert. Wie wir sehen werden, muß aber auch die »soziologische Imagination« genauen Regeln gehorchen. Das verstehende Interview ist das genaue Gegenteil einer improvisierten Methode.

I. Die Konstruktion des Objekts: Umkehrung der Vorgehensweise

1. Die Methodendebatte

1.1. Die Industrialisierung der Soziologie

Die Soziologie vermittelt den Eindruck, immer wissenschaftlicher zu werden. Nach einem Jahrhundert intellektueller Produktion allgemeiner und häufig abstrakter Art, die kaum einmal die Grenzen des universitären Bereichs überschritten hat, führen heute die Spezialisierungstendenzen innerhalb der Disziplin in einigen Bereichen zu einer bemerkenswerten Professionalisierung. Die Figur des soziologischen Experten erobert sich innerhalb der Gesellschaft ihren Platz; sie beherrscht einen sehr exponierten Bereich und teilt mit den Verantwortlichen aus Politik, Verwaltung und Wirtschaft das Wissen und die technische Sprache, um auf höchster Ebene kompetent intervenieren zu können. Diese Soziologen-Experten-Symbiose funktioniert so gut, daß die Foscherseele des Soziologen mitunter auf der Strecke bleibt, weil er sich nur noch auf soziale Fragen konzentriert und darüber die soziologischen vergißt. Angesichts dieser Zunahme des Social Engineering verliert die klassische theoretische Auseinandersetzung ihre Lebendigkeit und Bedeutung: Es ist durchaus verständlich, daß man sich nur mit Mühe für das Anomie-Konzept begeistern kann, wenn sich gleichzeitig das weite Feld des Kampfes gegen die soziale Ausschließung eröffnet.

Hin- und hergerissen zwischen Spezialisten-Expertise und abstrakter Theorie hat die Soziologie einen dritten Weg gefunden: die Industrialisierung der Datenproduktion. Es scheint ein allgemeiner Konsens zu herrschen, daß der Theoretiker ebenso wie der Experte, die Politiker und auch die Medien Daten benötigen. Daten zu produzieren und sie, versehen mit einer rudimentären Interpretation oder einem kurzen Kommentar, der möglichst nah an den Fakten und Zahlen bleibt, abzuliefern, scheint somit ein zukunftsträchtiger Berufszweig geworden zu sein: Observatorien, Agenturen, Institute und Forschungsein-richtungen schießen aus dem Boden. Zwei wichtige Aspekte kennzeichnen diesen neuen Beruf. Der erste besteht darin, daß er den Kriterien der industriellen Produktion entspricht: Die Menschen sind austauschbar, die Techniken unpersönlich, die Funktionsweise ist kollektiv und integriert (diese Tendenz ist so stark, daß selbst die Universitäten an diesen Kriterien orien-tierte Forschungslaboratorien einrichten). Der zweite Aspekt ist die Flucht nach vorn in immer ausgeklügeltere Werkzeuge, wobei die Methode auf Kosten der Theorie zum Instrument wissenschaftlicher Objektivierung wird. Die Interpretation, die als Gegensatz zur Objektivität garantierenden Neutralität an-gesehen wird, wird auf ein Minimum reduziert, die Lektüre dessen, was bereits geschrieben wurde, wird (abgesehen von anderen Datenproduktionen gleichen Typs) zugunsten einer reinen Darstellung der Daten vernachlässigt. Die Bemühungen konzentrieren sich im wesentlichen auf die methodologische Technik, was zu einer wahren Obsession der Methode für die Methode führt, die künstlich von der theoretischen Ausarbei-tung losgelöst wird. Dies erklärt auch, warum eine bestimmte Art und Weise, ein Forschungsinterview zu führen, sich in ei-nem solchen Maße durchgesetzt hat, daß sie (ungerechtfertig-terweise) als einzig mögliche seriöse Methode erscheint.

1.2. Der »Geistesarbeiter«

Schon 1959 hat Charles Wright Mills diese Entwicklung auf das Heftigste angeprangert, die er in den USA beobachtete und als Irrweg betrachtete. Der Methodologismus ist für ihn Teil einer Bürokratisierungsbewegung der Gesellschaft, eine »Rationali-sierung ohne Vernunft«, die die Bedeutung von Ideen auf den Gang der Dinge reduziert. Norbert Elias (1990, S. 171) spricht von durch Spezialisierung und Technisierung bedingten »Veren-gungen der soziologischen Perspektive« und von »Verkümme-rungen der soziologischen Vorstellungskraft«. Wie man sieht, ist

18

also die gesellschaftliche Tragweite der Debatte über das Verhältnis von Theorie und Methode beträchtlich.

Um gegen den »abstrakten Empirismus« einer reinen Datenproduktion und methodologischen Formalisierung sowie gegen wortgetreue Theorie und borniere Spezialisierung zu kämpfen, nimmt Wright Mills die großen, klassischen Autoren zum Vorbild und rühmt eine Figur, die seiner Ansicht nach nicht im geringsten an Bedeutung verloren hat: die des »Geistesarbeiters«. Der Geistesarbeiter ist derjenige, der in einem konkreten Forschungsprojekt seine Instrumente, nämlich die Methode und die Theorie, zu handhaben und zu personalisieren weiß. Er ist alles gleichzeitig: Feldforscher, Methodologe und Theoretiker, und er setzt sich dagegen zur Wehr, sich vom konkreten Terrain, der Methode oder der Theorie beherrschen zu lassen, denn dies würde gleichbedeutend damit sein, »sich wenig um das, was in der Welt vorgeht, zu kümmern« (Mills 1973, S. 164).

Der Platz eines solchen intellektuellen Handwerkers in der Zukunft der Sozial- und Geisteswissenschaften wäre eine Diskussion wert. Auf jeden Fall wäre es bedauernswert, wenn er von der Industrialisierung der Datenproduktion plattgewalzt würde. Gegenwärtig bleibt die Position des intellektuellen Handwerkers zumindest in einem ganz bestimmten Kontext wichtig: dem des Studierenden, der sich in seiner ersten Forschungsarbeit übt. Denn von ihm wird gefordert, den Beweis seiner Fähigkeit zu erbringen, einen wissenschaftlichen Gegenstand zu konstruieren und eine gewisse Anzahl von Instrumenten anzuwenden, und zwar mit einem ganz präzisen Ziel: ausgehend von einem Untersuchungsterrain das Wissen zu erweitern. Und dies alles auf sich selbst gestellt (allein mit der Hilfe seines Betreuers). Da die Position des Geistesarbeiters für die Studierenden ihre Gültigkeit behalten hat, bleiben auch die Klassiker in der universitären Lehre so wichtig, während sie in den spezialisierteren und der Datenproduktion vorbehaltenen Bereichen kaum mehr zum Einsatz kommen. Daher auch der Bruch zwischen soziologischer Lehre und soziologischen Berufen, auf den schon so oft hingewiesen wurde.

In seiner besonderen Situation und Position sind dem Forscherlehrling nicht alle Methoden im selben Maße zugänglich. Die hochgradig formalisierten Methoden, die mehr und mehr Einzug in die universitäre Lehre halten, funkeln verführerisch und präsentieren sich ihm wie Garanten für Wissenschaftlichkeit und Modernität zugleich. Viele werden in Versuchung geführt. Und viele werden enttäuscht. Das liegt zunächst daran, daß diese Methoden umfangreiche Mittel voraussetzen, die dem einzelnen Studierenden nicht zur Verfügung stehen. Des weiteren wird von dem Forscherlehrling vor allem erwartet, daß er sein Wissen erweitert, doch die Energie, die für die Beherrschung der Technik aufgewendet werden muß, läßt kaum Zeit für die Theorie. Methoden hingegen, die für eine eher handwerkliche als industrielle Anwendung geeignet sind, erlauben es eher zu lernen, wie ein wissenschaftlicher Gegenstand in all seinen Dimensionen konstruiert wird. Das verstehende Interview gehört in diese Kategorie. Es ist ein weiches, der Theorieproduktion untergeordnetes Instrument.

1.3. Methodologische und theoretische Auseinandersetzung

Die Industrialisierung der Datenproduktion und die wachsende Spezialisierung haben zweifellos die theoretische Auseinandersetzung geschwächt: Jeder interessiert sich vor allem für seine eigenen Angelegenheiten und meidet die Auseinandersetzung um so leichter, als sein Interesse für das, was sein Nachbar macht, schwindet. Berge von Forschungsergebnissen werden in Kästchen eingeordnet und keimfrei gemacht, alles durch und durch positivistisch, und dies in einer Forschungswelt, die doch offiziell den Zeigefinger gegenüber dem Positivismus erhebt. Doch obwohl die theoretische Auseinandersetzung geschwächt und oft zum Schweigen verurteilt ist, gelingt es ihr von Zeit zu Zeit, fortgeführt zu werden und sogar neue Wege zu beschreiten, wie sie etwa Philippe Corcuff (1995) aufgezeigt hat: die Analyse der Wechselwirkungen zwischen mikro und makro, individuell und kollektiv, subjektiv und objektiv. Der Autor faßt diese Themen zu einer »konstruktivistischen Galaxie« zusammen, die zu einem wesentlichen Bezugspunkt innerhalb der intellektuellen Landschaft wird.

Das Paradoxe ist, daß gleichzeitig jedoch im methodischen Bereich eine ganz andere Strömung im Trend der Zeit liegt: der unpersönliche Formalismus der industriellen Datenproduktion und damit eine Methode, die von den oben genannten Themen, die gerade en vogue sind, meilenweit entfernt ist, weil sie ausgesprochen ungeeignet für die Analyse von Wechselwirkungen und Prozessen ist. Mit anderen Worten: Es entwickelt sich zur Zeit eine breite Auseinandersetzung, aber in verschleierter Form. Die einen hissen ihre konzeptuelle Flagge, die anderen streiten sich (scheinbar) nur im Namen der methodischen Seriosität. Und noch einmal in anderen Worten: Die Methodendebatte ist heute eine theoretische Debatte, die sich nicht bewußt ist, daß sie das ist (und bei der die Zukunft der Disziplin auf dem Spiel steht). Eine Auseinandersetzung, bei der es um die Stellung der Theorie und um den Inhalt dieser Theorie geht. Das vorliegende Buch ist Teil dieser Debatte und bezieht klar und deutlich Position für eine Soziologie der Prozesse, die fest an die Theoriebildung geknüpft ist.

1.4. Die Vielfalt der Interviewmethoden

Das Interview hat in den Sozial- und Geisteswissenschaften bereits eine lange Tradition. Seine Wurzeln sind vielfältig: die Sozialenquêten im 19. Jahrhundert, die ethnologische Feldforschung, klinische Interviews in der Psychologie. Heute schreibt es sich in ein weitgespanntes Universum von Praktiken ein, die den Kriterien von Wissenschaftlichkeit mehr oder weniger nahe kommen: Motivationsstudien, journalistische Interviews usw. Aus der reichen Geschichte des Interviews können zwei Aspekte hervorgehoben werden. Erstens die Tendenz, dem Informanten immer mehr Bedeutung zuzubilligen. An die Stelle des Interviews, das wie ein Fragebogen abgerollt wird, trat schrittweise ein immer aufmerksameres Zuhören. Eine wesentliche Etappe in diese Richtung markierte der Beitrag von Carl Rogers (1942). Das verstehende Interview reiht sich in die Fortführung dieser Entwicklung ein. Zweitens, und hier scheiden sich die Geister: Die Vielfalt der Methoden ist groß. Jede Untersuchung bringt eine spezifische Konstruktion des wissenschaftlichen Gegenstands und eine entsprechende Verwendung der Instrumente mit sich: das Interview kommt nie auf genau dieselbe Weise zur Anwendung. So waren die Vorgehensweisen im Rahmen der beiden Forschungsarbeiten, die uns das ganze Buch über als Beispiele dienen werden, höchst unterschiedlich. Bei der Analyse von Paarbeziehungen anhand ihres Umgangs mit der Wäsche wurden über die Gesamtdauer von zwei Jahren nur zwanzig Haushalte befragt. Ich habe mir die Zeit genommen, in die persönlichen Geschichten einzutauchen, Vertrauen zu schaffen und in der Vergangenheit zu graben. Der Reichtum dieses Materials liegt in der komplexen Dichte des biographischen Rohmaterials. Für die Untersuchung über das Oben-Ohne wurden während derselben Gesamtdauer von zwei Jahren dreihundert Personen befragt, aber kürzer, und meist nicht in ihrem intimen Universum, sondern in dem eher spielerischen Umfeld des Strandes. Der Stil ist eindeutig lebendiger und direkter, die Fragen sind manchmal schroff und doppelbödig. In diesem Fall liegt der Reichtum des Materials in der äußerst großen Mannigfaltigkeit der Antworten zu Punkten, die sehr ins Detail gehen.

Die Methodenvielfalt hat aber auch ihre Auswirkungen auf die Stellung der Interviews innerhalb des Forschungsdispositifs. Häufig sind sie lediglich ein ergänzendes Instrument: So kann etwa mithilfe explorativer Interviews eine Untersuchung gestartet und eingegrenzt werden, illustrative Interviews machen all zu trockene Ausführungen etwas lebendiger. Interviews können außerdem mit anderen, insbesondere statistischen Methoden gekreuzt werden (Battagliola, Bertaux-Viame, Ferrand, Imberg, 1993). Doch auch wenn hauptsächlich oder gar ausschließlich Interviews verwendet werden, lassen sich noch immer zwei verschiedene Pole ausmachen: verstehen oder beschreiben bzw. messen. Im ersten Fall ist das Interview »forschungstragend«; im zweiten eine »Technik zum Sammeln von Informationen« (Gotman, 1985, S. 166). Ist das Interview forschungstragend, dann ist es in den Händen desjenigen Forschers, der Gefallen findet an dem reichen Material, das es hier zu entdecken gibt, ein weiches Instrument. Er will diesen roten Faden des Entdeckens einfach nicht mehr aus der Hand geben und verschließt seine Ohren gegenüber der Kritik, die ihm größere Strenge und ein methodischeres Vorgehen vorschreiben will. Zwar hat er gegen diese Kritik grundsätzlich gar nichts einzuwenden, aber sobald er versucht, die Instrumente anzuwenden, die man ihm anrät, verliert er die Spur seines Schatzes. Das Interview als Technik zum Sammeln von Informationen hingegen ist ein Modell mit methodologischen Tugenden. Leider bringt dieses schöne Instrument unter dem Gesichtspunkt soziologischer Erkenntnis nur ein recht armseliges Material hervor. Es ist, als ob das Interview (oder ganz allgemein das qualitative Vorgehen) von einem geheimnisvollen Fluch geschlagen wäre: zwischen reich aber weich und hart aber armselig scheint es unmöglich, das richtige Mittelmaß zu finden. Daher kommt es auch, daß der Methodenkonflikt seit der ersten Chicagoer Schule von William Thomas und Robert Park wie ein Pendel, das die gerade aktuelle Mode anzeigt, hin- und herschwingt: einmal zum Weichen, dann wieder zum Harten hin. Nach einer gewissen Zeit des qualitativen Exzesses machte sich angesichts der allgemeinen Zügellosigkeit und der Freiheit eines jeden, mehr oder weniger machen zu können, was er will, eine ausgeprägte Gegenposition breit. Dies war die Stunde der Methodenkurse und der Disziplin (und des Rückgangs der Produktivität der Untersuchungen). Dann entdeckten die Forscher den Reichtum des konkreten Untersuchungsfelds neu und sprengten die Ketten, die das Neu-Entdecken zügelten.

Die Zeit schien der methodischen Strenge zu gehören, bis es zu Pierre Bourdieus Wende (oder Rückkehr zu den ethnologischen Wurzeln?) in *Das Elend der Welt* (1997) kam. Die Kritik ließ nicht lange auf sich warten (Mayer, 1995). Es stimmt, daß die Vorschläge des damals noch orthodoxeren Co-Autors von *Métier du sociologue* sehr nach einem Aufruf zur Rückkehr zum Weichen nach einer zu harten Periode klingen. Aber die formalistische Kritik macht es sich zu leicht. Geht es nicht vor allem darum, daß hier ein Forscher den Mut hat, offen zu seiner Überzeugung zu stehen, nämlich daß wir nicht genügend auf den Reichtum hören, der in Interviews enthalten ist? Die Diskussion ist heute wieder offen. Die Herausforderung besteht genau darin, eine neue Rückkehr in eine zu weiche Phase zu verhindern. Auch wenn die qualitative Arbeit natürlich eine gewisse Portion an »irreduziblem Empirismus« (Schwartz, 1993) enthält, müssen doch Prinzipien für methodische Strenge erarbeitet werden, die es endlich schaffen, gegen die Beliebigkeit anzukämpfen und gleichzeitig den Reichtum zu bewahren.

1.5. Das unpersönliche Interview

Die Interviewmethode scheint heute in zwei Bereichen Fortschritte zu machen, die aber in Wahrheit vor allem Gegenstand eines Konsenses in den meisten Handbüchern sind: das Führen von Interviews und die Inhaltsanalyse. Jeder dieser beiden Bereiche hat seine eigenen Spezialisten und Techniken, die ein relativ kohärentes Gesamtbild ergeben: eine unpersönliche und standardisierte Konzeption des Interviews. Geschlossene Interviews haben ihre geringe Leistungsfähigkeit unter Beweis gestellt und werden kaum mehr angewandt; dem Interviewer wird empfohlen, hinsichtlich seiner Fragen relativ frei zu bleiben. Die Interviewsituation hingegen wird mit immer größerer Aufmerksamkeit unter die Lupe genommen, und man macht Jagd auf jedwede Einflüsse des Interviewers auf den Befragten. Die Konsequenz daraus ist, daß man zu einer möglichst geringen Präsenz des Interviewers (die »Personalisierung des Führens von Interviews wirft Probleme auf«; Blanchet, 1985, S. 9), also zu seiner Abwesenheit als Person mit Gefühlen und Meinungen, tendiert. Die Zurückhaltung des Interviewers löst jedoch bei der befragten Person eine ganz spezifische Vorsicht aus, die verhindert, daß sie sich allzu sehr auf das Interview einläßt: auf die Nicht-Personalisierung der Fragen folgt das Echo der Nicht-Personalisierung der Antworten.

Das auf diese Art und Weise gesammelte, keimfreie Material ist ideal für eine ebenfalls unpersönliche Inhaltsanalyse, bei der der Forscher versucht, sich mit eigenen Interpretationen so weit wie möglich zurückzuhalten. Das Ganze könnte somit einen bevorzugten Platz in der industriellen Datenproduktion einnehmen, insbesondere mit der Entwicklung von Inhaltsanalysen per Computer. Das anvisierte Ziel ist also, wie Anne Gotman betont, die Interviews so zu führen und die standardisierten Daten so auszuwerten, daß »es möglich ist, alle anderen Interviews auf die gleiche Weise zu führen und so die Variationen von einem Interview zum anderen auf ein Minimum zu reduzieren«. Doch, so schließt sie, »um an Breite zu gewinnen, verdammt man sich dazu, an Tiefe zu verlieren« (Gotman, 1985, S. 173).

Wie wir sehen werden, schreibt sich das verstehende Interview in eine genau umgekehrte Dynamik ein: Der Interviewer läßt sich aktiv auf die Fragen ein, um umgekehrt auch das Sich-Einlassen des Befragten zu bewirken; und bei der Inhaltsanalyse wird die Interpretation nicht vermieden, sondern stellt im Gegenteil das entscheidende Element dar.

1.6. Die Analyse der Oberfläche

Die Meinung einer Person ist kein homogener Block. Die Ansichten, die während eines Interviews zu ein und derselben Frage gesammelt werden, können vielfältig, manchmal sogar widersprüchlich sein und sind auf eine nicht zufällige Weise auf verschiedenen Bewußtseinsebenen strukturiert. Die Methode des standardisierten Interviews fängt davon eine ganz bestimmte Schicht ein: die Meinungen an der Oberfläche, die am direktesten zugänglich sind. Dieses Material ist nicht an sich uninteressant. Doch es wäre falsch, davon auszugehen, daß diese Analyse in die Tiefe geht oder gar die Gesamtheit des »Inhalts« erfaßt. Der Begriff »Inhaltsanalyse« eignet sich im übrigen schlecht für die Methoden, die sich ihrer bedienen und sich dadurch auszeichnen, das am meisten Explizite und Offensichtliche zu bearbeiten. Die Vorstellung eines »Inhalts« an sich ist problematisch, insofern sie den Eindruck erweckt, dieser Inhalt könne voll und ganz herausgeholt werden, so als schüttete man einen Sack aus. Statt dessen ist es äußerst wichtig zu verstehen, daß dies absolut unmöglich ist. Jedes Interview ist von einem bodenlosen Reichtum und von grenzenloser Komplexität, so daß es vollkommen undenkbar ist, diese jemals voll und ganz zu erfassen. Welche Technik auch immer angewandt wird, die Inhaltsanalyse ist immer eine Reduktion und eine Interpretation des Inhalts und keine Wiederherstellung seiner Vollständigkeit und seiner versteckten Wahrheit.

Als Instrumenten, die an die Industrialisierung der Datenproduktion angepaßt sind, ist den standardisierten (und computerisierten) Techniken der Inhaltsanalyse zweifellos ihre Weiterentwicklung sicher. Aber sie eignen sich vor allem für einen bestimmten Typus von Botschaften, die bereits kodifiziert und explizit sind, wie zum Beispiel Kleinanzeigen oder, in geringerem Maße, auch Pressetexte (Cibois, 1985), politische Diskurse oder Werbung. Die Texte von Horoskopen zum Beispiel sind das ideale Material: »kurz und bündig, aber gleichzeitig in sich ein geschlossenes, begrenztes System bildend« (Bardin, 1977, S. 72). Interviews hingegen sind nicht nur von einem großen Reichtum und schwer reduzierbarer Komplexität, sondern haben außerdem noch die Besonderheit, daß sich das Wesentliche in den Umschweifen und Umwegen des Gesprächs (Jullien, 1995), in »Versprechern« (Poirier, Calpier-Valladon, Raybaut, 1983), »unverständlichen Abschweifungen« und im »verwirrten Abstreiten« verbirgt. Die standardisierte Inhaltsanalyse fängt nur das am meisten Offensichtliche ein (Michelat, 1975), vielleicht sogar nur »schwankende Meinungen«, deren einzige Funktion darin besteht, »die verbale Kommunikation aufrecht zu erhalten« (Peneff, 1990, S. 85), oder aber, sofern es sich um linguistisch inspirierte Methoden handelt, lediglich lexikalische und syntaktische Formen, weit entfernt von einem tieferen Inhalt. Die Vervielfachung der Techniken der Inhaltsanalyse ist oft nichts weiter als »die Projektion der Ausuferung und Auswucherung von Theorien der Diskursproduktion auf die Oberfläche der analysierten Texte« (Léger, Florand, 1985, S. 238). Am grobschlächtigsten ist die Theorie des »Themensacks«, bei der das Zählen von Items ein »Abscheuern« bewirkt und »definitiv die kognitive und affektive Architektur der Einzelpersonen zerstört« (Bardin, 1977, S. 95).

Vor allem aber liegt das Problem in der Art und Weise, wie die Methode präsentiert wird. Das betont auch Michel Messu: »Die Bezugnahme auf das Verstehen des Sinnes wäre an sich in unseren Augen nicht verurteilenswert, aber die Illusion, man könne dem entgehen« (1991, S. 30). Der andere problematische Aspekt an den standardisierten Techniken der Inhaltsanalyse (und allgemeiner der Prinzipien des unpersönlichen Interviews) besteht darin, daß sie sich als die einzigen seriösen Methoden präsentieren, was in zweifacher Hinsicht ungerechtfertigt ist. Erstens stellen sie lediglich eine spezielle Art und Weise dar, Interviews zu führen und das Material zu analysieren, und noch dazu eine Art und Weise, die sich nur für bestimmte Kontexte eignet und relativ wenig angewandt wird. Sie können somit keinerlei Anspruch auf Hegemonie erheben. Und zweitens wurde selbst in diesen begrenzten Bereichen der Beweis für ihre Leistungsfähigkeit noch nicht wirklich erbracht.

2. Eine andere Art und Weise der Theoriebildung

2.1. Was bedeutet »den Gegenstand konstruieren«?

»Den Gegenstand konstruieren« ist ein Ausdruck, der in der Soziologie so geläufig geworden ist, daß er mittlerweile in aller Munde ist, ohne daß seine Bedeutung immer genau bekannt wäre. In der Regel lohnt es sich, solche Fetischismen innerhalb einer Disziplin einmal genauer unter die Lupe zu nehmen. Dies gilt besonders auch für das verstehende Interview, das ja gerade die Umkehrung der Art und Weise der Konstruktion des Gegenstandes vorschlägt. Der Ausdruck stammt aus den harten Wissenschaften und der klassischen Erkenntnistheorie: Der Gegenstand bzw. das Objekt ist das, was mithilfe von wissenschaftlichen Verfahren der Objektivierung vom Allgemeinwissen und von der subjektiven Wahrnehmung des Subjekts abgetrennt werden kann. Aus dem Wunsch heraus, die Soziologie als Wissenschaft zu begründen und ihr die entsprechende Anerkennung zu verschaffen, hat Émile Durkheim (1994) diese Vorstellung einer Abtrennung von der subjektiven Welt, einer »Verdinglichung« des Gesellschaftlichen stark betont. Seitdem ist die Obsession des »epistemologischen Bruchs« und der Objektivierung ständiger Begleiter der Soziologie, und dies um so mehr, als es der Disziplin nicht gelungen ist, eine Objektivierung zu erreichen, die in ihrer Qualität mit derjenigen vergleichbar wäre, die in den harten Wissenschaften erreicht wird. So kam es, daß die Begriffe des soziologischen Gegenstandes und der Konstruktion des Gegenstandes so zentral und allgemein gebräuchlich wurden.

2.2. Theorie und Methode

Mit Hilfe welcher Instrumente kommt es zum Bruch mit dem Common Sense und den subjektiven Wahrnehmungen? Hinsichtlich dieser Frage stehen sich zwei Konzeptionen von Soziologie gegenüber. Für die einen besteht das vorrangige, wenn nicht gar ausschließliche Instrument in einer methodisch sauberen Vorgehensweise, in formaler Strenge, besonders in der Idealform einer mathematischen Modellbildung. Für die anderen bleibt die Methode dem Vorrang des wissenschaftlichen Fortschritts untergeordnet: der Hypothese, dem Konzept, der Theorie. So ist beispielsweise Norbert Elias (1993, S. 35) der Ansicht, daß der entscheidende Faktor für die Distanzierung gegenüber dem Spontanwissen in »der Art der Problemstellung und Theoriebildung selbst« liegt. Dadurch, daß die Methode »das entscheidende Kriterium von Wissenschaftlichkeit« wird, wird die Fragestellung im »Kern der Sache« nicht berührt (Elias 1996, S. 60), was dann als Beweis für die Schwäche der Soziologie herhalten kann, die sich unter dem ideologischen Druck besser etablierter Modelle auf diese Weise zu verteidigen sucht. Die Methode allein kann einen nicht in die Lage versetzen, die für die Objektivierung nötige Distanz zu schaffen; das tut sie nur scheinbar, aber der Gegenstand bleibt flach. Die Theorie ist es, die ihm Volumen gibt. Selbstverständlich muß sie, um nicht in abstrakte Spekulation abzugleiten, mithilfe von Hypothesen und Verfahren zu deren Überprüfung vorgehen, die so streng wie möglich sind.

2.3. Das klassische Modell

Formalistische Konzeptionen und eine »häufig eher wissenschaftsgläubige als wissenschaftliche« Methodologie »haben fast immer ein wesentliches Manko«, das darin besteht, sich auf die »äußeren Merkmale der Strenge« zu fixieren (Bourdieu, 1997, S. 779). Auch weichen sie vom klassischen Modell der

Objektivierung, das die beiden Elemente Theorie und Methode integriert, ab. Im klassischen Modell folgt die Konstruktion des Gegenstandes einer genau kodifizierten Abfolge: Ausarbeitung einer Hypothese (die selbst auf eine bereits konsolidierte Theorie gegründet ist), dann Definition eines Verfahrens zu deren Überprüfung, das in der Regel in eine Korrektur der Hypothese mündet. Das verstehende Interview nimmt diese beiden Elemente (Theorie und Methode) wieder auf, dreht aber die beiden Phasen der Konstruktion des Objekts um: Das Untersuchungsterrain ist nicht mehr eine Instanz zur Überprüfung einer vorher formulierten Fragestellung, sondern der Ausgangspunkt für diese Fragestellung. Die unpersönlichen Interviewkonzeptionen, die derzeit die Methodenbücher dominieren, berufen sich hingegen auf das klassische Modell (sofern sie nicht in formalen Technizismus abdriften). Dies erklärt auch, warum es zwischen diesem Interviewtyp und dem verstehenden Interview so viele Divergenzen gibt, die unbedingt genau herausgearbeitet werden müssen, um Verwirrung zu vermeiden. Beim unpersönlichen Interview wird die Fragestellung im wesentlichen in der Anfangsphase formuliert, dann wird das Befragungsprotokoll als Instrument für die Überprüfung der Thesen und für die Datensammlung festgelegt. Die Auswahl der Befragten muß somit sorgfältig getroffen werden und der Repräsentativität möglichst nahe kommen, die Liste der Fragen muß standardisiert und klar festgelegt werden, und die Art und Weise, wie das Interview geführt wird, muß von der Zurückhaltung des Interviewers gekennzeichnet sein. Und schließlich bemüht sich die Inhaltsanalyse, sich so strikt wie möglich an die Daten zu halten, ohne sie zu interpretieren. Indem das verstehende Interview die Art und Weise der Konstruktion des Gegenstands umkehrt, also mit der Feldforschung beginnt und erst dann das theoretische Modell bildet, ändert es auf radikale Weise die Definition der meisten Befragungstechniken, wie sie im Interview unpersönlichen Typs verwendet werden.

2.4. Der schrittweise Bruch

Der Bruch mit dem gesunden Menschenverstand zum Zwecke der wissenschaftlichen Objektivierung wird in der Soziologie häufig mit Pauken und Trompeten und auf eine hochtrabende Weise präsentiert, die ihn an die Stelle einer geradezu heiligen Referenz rückt. Diese salbungsvolle Form (die, wie so oft, von Zerbrechlichkeit zeugt) ist verknüpft mit einer radikalen Konzeption dieses Bruches: Man geht davon aus, daß die Soziologie einen versteckten und völlig anderen Sinn zu enthüllen imstande ist und die Akteure vollkommen unfähig sind, sich dessen – auch nur partiell – bewußt zu sein. Der ideale wissenschaftliche Diskurs ist der absolute Gegensatz zum Allgemeinwissen, wodurch ans Tageslicht kommt, daß es sich bei letzterem um ein falsches Wissen, eine Illusion handelt. Eine solche Konzeption ist der notwendige Hintergrund des klassischen Modells: Der Bruch muß vollzogen werden, um wissenschaftliches Wissen hervorzubringen, und aufgrund der Art und Weise, wie der Gegenstand konstruiert wird (erst Hypothese, dann Überprüfung), kann er nur auf grobe Weise vollzogen werden. Deshalb herrscht hinsichtlich dieses Begriffes in epistemologischen und methodologischen Schriften auch Einigkeit: Die Objektivierung besteht darin, einen klaren Bruch zu vollziehen, der in einem Gegensatz zum Allgemeinwissen steht. Doch in diesen extremen Definitionen scheitert dieser Bruch an den Tatsachen: Das Allgemeinwissen ist kein Nichtwissen, sondern es birgt im Gegenteil einen Schatz an Kenntnissen (den der Forscher oft so gut wie nicht zu nutzen weiß). Aus dieser Erkenntnis, zu der der Soziologe regelmäßig kommt, sobald er sich auf das konkrete Forschungsterrain begibt, sind einige Gegenbewegungen zum »epistemologischen Bruch« hervorgegangen, insbesondere die Ethnomethodologie. Ihr zufolge gehen Allgemeinwissen und wissenschaftliches Wissen ineinander über. Doch genauso wie das klassische Modell zu einer allzu radikalen Definition des Bruches neigt, führt auch eine allzu radikale Opposition zu diesem Modell in eine Sackgasse. Wissenschaftliches Wissen beruht auf ganz spezifischen Prinzipien, denen Rechnung getragen werden muß.

Natürlich ist die epistemologische Debatte nach wie vor offen, und sie geht über den Gegenstand dieses Buches hinaus. Diese wenigen Zeilen waren jedoch notwendig, denn das verstehende Interview definiert eine ganz spezifische, schrittweise Form des Bruches, wobei dieser Bruch keinen absoluten, sondern nur einen relativen Gegensatz zum Allgemeinwissen bildet und sich in Form eines ständigen Hin und Her zwischen Verstehen, aufmerksamem Zuhören, Distanzierung und kritischer Analyse vollzieht. Die Objektivierung kommt somit Schritt für Schritt und dank konzeptueller Instrumente zustande, die anschaulich gemacht und systematisch aufeinander bezogen werden, und sie gibt einen Blick auf den Untersuchungsgegenstand frei, der von dem spontanen, anfänglichen Blick immer weiter entfernt ist, gleichzeitig aber niemals vollständig mit ihm bricht. Dies erlaubt es auch, selbst dann, wenn die Konstruktion des Gegenstands eine Dimension erreicht hat, die ihren begrenzten Charakter deutlich werden läßt, immer noch weiter vom Allgemeinwissen zu lernen.

Eine solche Art und Weise der Konstruktion des Gegenstands ist typisch für die qualitativen Methoden, die mit dem enormen informativen Reichtum ihres Untersuchungsfeldes konfrontiert sind. Von diesem Überfluß an Informationen kann die Fragestellung nicht abstrahieren. Daraus entsteht in der Eingangsphase der Untersuchung eine Haltung, die durch Neugier, Erwartung, Offenheit, ja sogar Passivität gekennzeichnet ist (Schwartz, 1993). Anselm Strauss geht sogar so weit zu raten, man solle sich, selbst um die Ausgangshypothesen zu entwickeln, vom Untersuchungsfeld durchdringen lassen. Ich persönlich bevorzuge es, bereits mit einigen Ideen im Kopf zu starten, der weitere Verlauf aber ist derselbe: Der Gegenstand nimmt Schritt für Schritt Konturen an, und zwar durch die täglich voranschreitende theoretische Ausarbeitung auf der Grundlage von Hypothesen, die auf der Basis des Untersuchungsterrains gebildet werden. Daraus resultierte eine

Theorie besonderen Typs, die sich am Konkreten gerieben hat und nur langsam aus den Daten auftaucht – das, was Anselm Strauss (1995) die *Grounded Theory* nennt, also eine Theorie, die von unten kommt und in den Tatsachen wurzelt.

2.5. Die verstehende Soziologie

Die verstehende Perspektive war den Fragen, die sich die qualitative Methode stellt, immer sehr nahe. Es gibt vieles, was uns der gewöhnliche Mensch beibringen kann, und die formalen Techniken, auf denen Arbeiten des erklärenden Typs basieren, können nur einem winzigen Teil dieses Wissens Rechnung tragen. Der Begriff der verstehenden Soziologie, der gegenwärtig um so mehr in der Gunst steht als seine Definition vage bleibt, verweist jedoch auf andere Befindlichkeiten. Wilhelm Dilthey hat sie von Anfang an als radikalen Gegensatz zu erklärenden Ansätzen positioniert. Somit wird das Verstehen zu einem reinen Erfassen eines von den Individuen inkorporierten gesellschaftlichen Wissens. Um dieses zu entdecken, genügt es, Neugier und Empathie mitzubringen. Diese Konzeption findet ein lebhaftes Echo: Auf ihr bauen organisierte Strömungen ebenso wie eher spontane Richtungen auf, die die Unfruchtbarkeit des methodischen Formalismus zum Vorwand nehmen, um jede Bemühung um wissenschaftliche Strenge aufzugeben und sich dem Impressionismus und der unkontrollierten Intuition zu überlassen. Abgesehen von ganz bestimmten Arbeitsphasen ist eine solche Haltung eine Sackgasse für die qualitativen Methoden, die sich auf diese Weise dazu verdammen, keinen Fortschritt mehr zu machen und den Argwohn ihnen gegenüber noch zu vergrößern. Dabei liegt es doch in ihrem Interesse, sich ohne Unterlaß um Objektivierung zu bemühen, die jedoch nach anderen Modalitäten funktioniert als diejenige der quantitativen Methoden.
Zu diesem Zweck können sie sich auf eine andere Definition der verstehenden Soziologie stützen, die auch die allgemein anerkanntere ist (Pugault, 1995), insbesondere diejenige, die von

Max Weber in Reaktion auf Wilhelm Dilthey ausgearbeitet wurde. Nach Ansicht von Max Weber (1988) haben Verstehen und Erklären zwar zwei an entgegengesetzten Polen situierte Ausgangspunkte, die Soziologie muß sich jedoch gegen die Vorstellung wenden, es handle sich um zwei voneinander losgelöste Arten des Denkens. Das verstehende Vorgehen stützt sich auf die Überzeugung, daß die Menschen nicht nur einfache Träger von Strukturen sind, sondern aktive Produzenten des Gesellschaftlichen und als solche über ein wichtiges Wissen verfügen, das es von innen zu erkunden gilt, und zwar über das Wertesystem der Individuen. Die verstehende Methode beginnt also zunächst mit der Intropathie. Doch die soziologische Arbeit beschränkt sich nicht auf diese Phase, vielmehr besteht sie für den Forscher darin, in der Lage zu sein, ausgehend von den gesammelten Daten zu interpretieren und zu erklären. Das Verstehen der Person ist nur ein Werkzeug; das Ziel des Soziologen besteht im verstehenden Erklären des Gesellschaftlichen.

2.6. Theorie und Feldforschung

Die Frage nach dem Verhältnis zwischen Theorie und Feldforschung ist für die verstehende Soziologie (und die qualitative Methode) zentral. In der Tradition der Sozial- und Geisteswissenschaften wird das als theoretisch definiert, was abstrakt ist (und zwar eher in Form eines imposanten konzeptuellen Gebäudes als in der einer im Entstehen begriffenen Hypothese). Auf der Grundlage dieser Definition verkommt Theorie nicht selten zu einer Art Sprachkunst: Theoretiker wird derjenige, der von Theorie zu sprechen weiß und eine theoretische Bildung hat. Das ist es, was Charles Wright Mills (1973) als »Große Theorie« denunziert, nämlich eine Theorie, die vergessen hat, einfach ein Werkzeug in den Händen des Forschers zu sein, dessen Ziel immer darin bestehen müßte, nicht Theorie für die Theorie zu produzieren, sondern mit Hilfe von Theorie das Gesellschaftliche zu entdecken und verständlich zu machen. Um dies zu erreichen, müssen Erklärungsmodelle regelmäßig und in kontrollierter Weise mit den Tatsachen konfrontiert werden: das ist die Aufgabe der Methode. Wie die Theorie ist auch die Methode ein Werkzeug, das imstande sein muß, weich, variabel und entwicklungsfähig zu bleiben. Norbert Elias betont hier einen wichtigen Punkt: Die Methode entwikkelt sich historisch weiter, und der entscheidende Punkt dieser Entwicklung ist genau die »kritische Konfrontation« zwischen Theorie und Beobachtungen, »eine ununterbrochene Hin- und Herbewegung zwischen zwei Wissensebenen« (1983, S. 37). Der Fehler (mit der historischen Tendenz zurückzugehen) liegt darin, diese beiden Ebenen zu trennen, was einerseits zu unfundierten Spekulationen und andererseits zu einem ungeordneten und konfusen empirischen Wissen führt. Fortschritt im Hinblick auf die Methode kann nur über ein immer feineres Ineinandergreifen von Theoriebildung und Beobachtung stattfinden. Das verstehende Interview positioniert sich eindeutig in dieser Perspektive und schlägt eine enge Verbindung zwischen empirischer Arbeit und konkreter Theoriebildung vor.

3. Die Validität der Ergebnisse

3.1. Die Zielscheibe der Kritik

Wer das verstehende Interview nicht als Ganzes betrachtet, könnte den Eindruck gewinnen, diese Vorgehensweise sei mangelnder wissenschaftlicher Strenge verdächtig. Verglichen mit dem, was man vom standardisierten Interview kennt, können seine Werkzeuge in der Tat den Anschein erwecken, sie seien schwammig und würden je nach Lust und Laune des Forschers variieren, wobei letzterer sich darüber hinaus auch noch herausnimmt, das Material auf seine ganz persönliche Weise zu interpretieren. Im allgemeinen dreht sich deshalb die Kritik immer um dieselbe Frage: Was gibt euch die Berechtigung, dies oder jenes zu sagen? Worin besteht die wissenschaftliche Validität eurer Ergebnisse? Eine durchaus legitime Kritik, denn sie zielt tatsächlich auf den Schwachpunkt dieser Methode, zugleich aber auch eine oft schlecht formulierte und übertrieben aufgeblasene Kritik, weil die spezifische Art und Weise der Konstruktion des Gegenstandes beim verstehenden Interview nicht verstanden wird.

Außerdem ist es interessant festzustellen, wie anders eine Arbeit behandelt wird, sobald sie sich in der klassischen theoretischen Form präsentiert: Dann wird die Frage nach der Validität der Behauptungen nämlich selten gestellt. Wenn sich hingegen ein Forscher auf der Grundlage seiner Beobachtungen (seien sie qualitativ oder quantitativ, Interviews oder statistische Tabellen) einige etwas freiere Interpretationen erlaubt, tritt sie sofort auf den Plan. Die Trennung der beiden Bereiche (die Theorie als Ort für Spekulationen, die Daten als Ort für Messungen und strikte Beschreibung) ist offenbar so sehr in Fleisch und Blut übergegangen, daß ihr Ineinandergreifen mit einem wahren Tabu belegt zu sein scheint (und dabei liegt genau hier der Punkt, von dem aus es in der Art und Weise der Konstruktion des Gegenstands zu Fortschritten kommen kann). Dieser Druck präsentiert sich außerdem auf eine ganz bestimmte Art: Er wendet sich nicht gegen die Grundlage der Ergebnisse, sondern gegen die Instrumente, und fordert als Garantie für die Seriosität der Arbeit methodische Beweise. Olivier Schwartz wendet sich gegen diesen Wunsch, der qualitativen Forschung ein »hartes Modell« methodologischer Strenge überzustülpen, da dadurch »deren Möglichkeiten, Neues zu entdecken, erstickt würden« (1993, S. 266).

3.2. Das Unverständnis für die Umkehrung der Vorgehensweise

Bei manchen Beurteilungsinstanzen für wissenschaftliche Arbeiten werden die Auseinandersetzungen unangenehm, wenn es um qualitative Methoden geht. Erstens, weil der von Olivier Schwartz eingeforderte Freiheitsgrad nicht toleriert wird. Und zweitens, weil die Umkehrung der Vorgehensweise bei der Konstruktion des Gegenstands nicht verstanden wird, nicht einmal dann, wenn es ihr gelingt, sich klar und deutlich von reinem Empirismus abzugrenzen. Zum ersten Punkt: Man muß einfach begreifen, daß qualitative Methoden mehr dazu bestimmt sind zu verstehen und Verhaltensweisen, Prozesse und theoretische Modelle zu entdecken als systematisch zu beschreiben, zu messen oder zu vergleichen. Jeder Methode entspricht eine bestimmte Art und Weise zu denken und ein ihr eigenes Wissen zu produzieren. Zum zweiten Punkt: Anselm Strauss klagt die Blindheit gewisser Kritiken an, die sich gegen die *Grounded Theory* wenden. Im klassischen Modell wird eine Hypothese formuliert und dann mithilfe eines Befragungsprotokolls getestet. Letzteres muß äußerst strengen Kriterien genügen, denn schließlich übernimmt es die Rolle des Garanten für die Validität der Ergebnisse. Im Rahmen qualitativer Methoden, die ausgehend von den Tatsachen eine Theorie formulieren, findet kein solcher Validitätstest statt (abgesehen davon ist er technisch oft gar nicht möglich), denn die Empirie hat ja selbst bereits die grundlegenden Grenzen und Beschränkungen abgesteckt und die formulierten Hypothesen haben nicht nur formalen Charakter, sondern sind direkt aus der Beobachtung hervorgegangen. Die Reihenfolge der Phasen ist also umgekehrt.

Fassen wir zusammen. Wie auch die anderen qualitativen Methoden kann das verstehende Interview seine Ergebnisse nicht mit demselben Grad an Validität präsentieren wie formalere Methoden, denn es schließt immer einen Teil von »irreduziblem Empirismus« mit ein. Es wäre jedoch ein Fehler, es in Richtung mehr Formalismus zu drängen und damit Abstriche im Hinblick auf seine kreative Produktivität in Kauf zu nehmen. Statt dessen schreibt es sich in ein anderes Modell der Konstruktion des Gegenstands ein, das von einer soliden Basis ausgeht, nämlich der Beobachtung der Tatsachen. Im Anschluß daran gilt es, spezifische Elemente zu finden, die ein subjektivistisches Abdriften vermeiden können.

3.3. Die Evaluationskriterien

Im klassischen Modell spielt das Untersuchungsprotokoll als solches die Rolle eines Beweises. Die Bestätigung folgt also direkt, und die Scientific Community kann über die Validität des Tests urteilen. Beim verstehenden Interview werden die Hypothesen aus der Beobachtung abgeleitet, was einen guten Start garantiert, aber nicht unbedingt auch das Ankommen. Tatsächlich ist es so, daß sich der Forscher zu mißbräuchlichen Interpretationen verleiten lassen kann, die nur schwer aufgedeckt werden können. Schwer, aber nicht unmöglich: das Urteil über die Validität der Ergebnisse einer qualitativen Arbeit erfordert eine sehr genaue, auf den Grund gehende Aufmerksamkeit.

Wichtig ist zu verstehen, daß methodische Werkzeuge im Gegensatz zur klassischen Abfolge von Hypothesenbildung und anschließender Überprüfung keine Garantie bieten, weil sie nicht die Rolle eines Tests spielen. Folglich führt es zu nichts, sie mit aller Gewalt zu diesem Zweck einsetzen zu wollen – das hat nur einen einzigen, äußerst nachteiligen Effekt, nämlich einen von Interpretationsversuchen und der theoretischen Konstruktion des Gegenstands abzuhalten. Beweise sind also woanders zu suchen, und zwar zunächst in der »Kohärenz des Forschungsvorgehens als Ganzem« (Quiviy, Van Campenhoudt, 1988, S. 225), also in der Art und Weise, wie die Hypothesen auf die Beobachtungen gestützt sind und beide ineinandergreifen, sowie darin, wie kontrolliert mit Verallgemeinerungen umgegangen wird. Dann in der genauen Analyse des Modells, das herausgearbeitet wird, und darin, wie gut es sich mit den Tatsachen deckt. Auch das vollkommenste theoretische Modell hat seine Schwachstellen, vor allem dann, wenn es mit den Daten konfrontiert wird (und dies um so mehr, wenn es sich um die fragile Ausarbeitung eines Forscherlehrlings handelt). Und schließlich in der Beurteilung der konkreten Ergebnisse. Derjenige, der die Arbeit evaluiert, sollte das Untersuchungsfeld, die statistischen Daten und die Arbeiten kennen, die sich mit dem Thema überschneiden. Auf dieser Grundlage kann er bestimmte Behauptungen in Zweifel ziehen und zusätzliche Informationen einfordern.

3.4. Gesellschaftliches Modell und soziologisches Modell

Es lassen sich zwei Ebenen der Theoriebildung unterscheiden: die gesellschaftliche Modellbildung, die ein Verhalten oder einen Prozeß beschreibt, über das oder den bisher wenig bekannt war, und die soziologische Modellbildung, die ein neues Bündel von Konzepten vorschlägt. Diese beiden Ebenen verweisen auf unterschiedliche Instanzen, die – jenseits der Personen, die offiziell die Aufgabe haben, die Forschungsarbeit zu beurteilen – sich unter Umständen früher oder später an der Beurteilung der Validität der Ergebnisse beteiligen. Das gesellschaftliche Modell wird in Instituten zur Datenproduktion, aber auch in den Medien und in politischen Debatten diskutiert. Denn der

Alltagsmensch ist imstande zu sagen, ob sich das, was über ihn gesagt wird, mit dem, was er über sich weiß, deckt oder nicht. Natürlich hat der Alltagsmensch nicht immer recht. Aber wenn sich eine Mehrheit dieser gewöhnlichen Menschen gegen die Glaubhaftigkeit eines Gesellschaftsmodells ausspricht, muß dieses höchst wahrscheinlich noch einmal überarbeitet werden. Das soziologische Modell hat – sofern es entsprechend aufzutreten weiß und mit etwas Glück – eine lange Zukunft aus Kritik und Widerlegungsversuchen vor sich; und je mehr Mut es mitbringt, um am Firmament der Modelle zu leuchten, um so mehr Stürme wird es zu bestehen haben.

Die Kritik an soziologischen Modellen hat in der Regel einen gemächlicheren Rhythmus. In *Schmutzige Wäsche* habe ich sowohl ein gesellschaftliches Modell, nämlich den schrittweisen Einstieg in eine Paarbeziehung, als auch ein soziologisches Modell, die Dynamik des körperlichen Gedächtnisses, entwickelt. Im Kontext des ersteren werden immer neue Zahlen veröffentlicht und Untersuchungen durchgeführt; inzwischen kann also jeder selbst die Validität des Modells beurteilen. Das zweite hingegen hatte leider nicht (oder kaum) das Glück, das Firmament der Modelle kennenzulernen, und war somit auch vor den entsprechenden Stürmen bewahrt. Es hat also keine theoretische Weiterentwicklung ausgelöst, was aber immer noch jederzeit passieren könnte: Es ist nicht selten der Fall, daß sie sich Zeit läßt und erst mit einer Verzögerung von mehreren Jahren oder gar Jahrzehnten einsetzt.

3.5. Sofortiger und langfristiger Beweis

Im Rahmen einer qualitativen Forschung ist es schwierig, den Beweis für die Validität der Ergebnisse direkt zu erbringen, denn nicht der Validitätstest wird beurteilt, sondern die Zuverlässigkeit der Modelle, die aus der Beobachtung abgeleitet wurden. Gesellschaftliche Modelle erfordern zahlreiche Konfrontationen mit den unterschiedlichsten Instanzen; theoretische

Modelle kommen nur sehr zögerlich in den Genuß einer Evaluation, und letztere ist noch dazu selten substantiell. Doch nach einigen Jahren kann das, was manchen all zu impressionistisch und zu wenig stringent erschienen war, seinen durchdachten und wissenschaftlichen Charakter unter Beweis stellen, wenn das Neue an diesen Überlegungen von der wissenschaftlichen Gemeinschaft assimiliert wird. Dies läßt sich etwa beim interaktionistischen Ansatz beobachten, der sich Schritt für Schritt etablieren konnte, weil man auf seine Ergebnisse aufbauen konnte. Der einzelne Forscher hat nicht immer das Glück, sich einem derart strukturierten Ansatz zurechnen zu können. Dennoch ist auch für ihn die Idee des kumulativen Charakters wissenschaftlicher Erkenntnis ausschlaggebend. Die Bewertung einer Forschungsarbeit kann auf dreierlei Weise erfolgen: gemäß der unmittelbaren Reaktion bei der Veröffentlichung, gemäß einer längeren Phase theoretischer Kritik und im Hinblick auf eine Forscherkarriere insgesamt. Dabei geht es weniger um die konkrete Arbeit, die bewertet wird, als vielmehr um den damit verknüpften Ruf des Forschers. Wenn frühere Arbeiten von ihm mit der Zeit gezeigt haben, daß seine Interpretationen berechtigt waren, wird man eher bereit sein, auch seinen weiteren Untersuchungen Vertrauen zu schenken. Und umgekehrt: Dem Forscher, der sich einmal einen Fehltritt geleistet hat, wird künftig genau auf die Finger geschaut.

3.6. Die Sättigung der Modelle

Sind die Ergebnisse einer Forschungsarbeit erst einmal öffentlich präsentiert, wird ihre Validität durch diejenigen Personen beurteilt, die mit der Arbeit in Berührung kommen. Doch schon bevor es dazu kommt, hat der Forscher eine erste Vorstellung von der Validität seiner Ergebnisse: Er weiß, oder glaubt zu wissen, ob das, was er sagt, solide oder angreifbar ist. Natürlich kann der Eindruck von Solidität auch nur eine Illusion sein, die auf dem Glauben an unfundierte Hypothesen beruht. Aber es gibt Instrumente, um die Solidität zu prüfen. Das Hauptinstrument ist die Sättigung der Modelle. Letztere werden Schritt für Schritt aus der Beobachtung herausgeschält. Anfänglich sind sie noch sehr schwammig und werden pausenlos von neuen Beobachtungen in Frage gestellt. Dann aber werden sie klarer und nehmen mehr und mehr Form an, die Tatsachen bestätigen die groben Linien und präzisieren die Details, bis schließlich der Moment kommt, an dem man von Sättigung sprechen kann: Die letzten gesammelten Daten tragen nichts oder kaum Neues mehr bei. In diesem Stadium hat der Forscher bereits selbst die Validität seiner Ergebnisse dank eines internen Instruments unter Beweis gestellt. Es bleibt ihm nur noch, an der Argumentation und an der öffentlichen Präsentation zu arbeiten und seine Ergebnisse zusätzlich zu untermauern, indem er sie mit anderen Quellen kreuzt.

Es ist äußerst selten, daß eine Untersuchung auf ein einziges Modell hinausläuft, vielmehr setzt sich das Ergebnis oft aus einem Bündel von Hypothesen, Konzepten und Modellen zusammen, die auf verschiedenen Ebenen angesiedelt sind. Meist kann nicht in bezug auf das gesamte Bündel von Sättigung gesprochen werden; es ist sogar ziemlich oft der Fall, daß ein zentrales Element nicht gesättigt werden kann. Dies spricht aber nicht unbedingt gegen die Veröffentlichung. Der Forscher muß in diesem Fall jedoch eine angemessene und vorsichtige Präsentationsform für seine Ergebnisse finden, indem er deutlich macht, daß sie noch der endgültigen Bestätigung bedürfen.

3.7. Zusätzliche Instrumente zur Validierung

Validität im eigentlichen Sinne kann nur aus der Forschungsarbeit heraus erwachsen und nur langfristig beurteilt werden. Hierin liegt einer der delikaten Aspekte der qualitativen Methoden, insbesondere wenn sie mit offiziellen Bewertungsinstanzen, wie Jurys oder Gutachtern, konfrontiert sind. Der Forscherlehrling (wie übrigens auch der gelernte Forscher) hat somit größtes Interesse, möglichst zusätzliche Instrumente zur Validierung einzusetzen. Was die von ihm erarbeiteten gesellschaftlichen Modelle angeht, wäre es höchst erstaunlich, sollte er nicht Statistiken oder andere Untersuchungen zu diesem oder einem verwandten Thema verwenden können. Wichtig ist nun nicht nur, daß diese mit den Ergebnissen der eigenen Forschung konfrontiert werden, sondern auch, daß dies nach strengen Regeln geschieht. Denn es ist wahrscheinlich, daß die jeweiligen Schlußfolgerungen nicht vollkommen übereinstimmen. Aber anstatt die Unterschiede unter den Teppich zu kehren, sollten sie analysiert werden, um so das Modell präzisieren und erhärten zu können. Was den wohlbekannten Einwand: »Es gibt nichts zu meinem Forschungsthema« betrifft, kann gut und gern behauptet werden, daß er stets falsch ist. Jedes Thema verfügt über unendlich viele Querverbindungen zu anderen Themen. Es genügt, einige dieser Verbindungslinien herauszuarbeiten, um die verfügbaren Daten verwenden zu können.

Eine große Versuchung besteht darin, aus qualitativem Material Statistiken zu basteln, um der Forschung einen seriösen Anstrich zu geben. Da wird etwa eine Kreuztabelle erstellt oder eine detaillierte Typologie auf der Grundlage von 15 Versuchspersonen gebildet, ein andermal werden auf Hundertstel genaue Prozentsätze ausgerechnet. Diese Versuche sind nicht immer verurteilenswert, und manche Proportionen können durchaus nützliche Hinweise geben. Aber sie müssen mit Vorsicht genossen werden und einen sekundären Charakter behalten. Und in keinem Fall dürfen sie für die Erhärtung der Validität der Ergebnisse herangezogen werden, denn das schlägt dann in der Regel ins genaue Gegenteil um: Messungen, die auf Sand gebaut sind, sind leicht angreifbar und reißen, wenn sie umfallen, Analysen mit sich, die unter Umständen ein besseres Schicksal verdient hätten. Die Aufgabe von qualitativen Methoden besteht eher darin, zu verstehen, als systematisch zu beschreiben oder zu messen. Man sollte deshalb nicht versuchen, sie auf einem Terrain, das nicht das ihre ist, dazu zu bringen, mehr auszusagen als sie können. Hingegen sollten die Ergebnisse regelmäßig mit dem, was andere, vor allem statistische Methoden, hervorgebracht haben, gekreuzt und konfrontiert werden. Dort, wo das verstehende Interview in der Tiefe forscht, um Prozesse, die am Werk sind, zu entdecken, muß der Schauplatz mit großer Genauigkeit in einem dank anderer Untersuchungen bereits bekannten Umfeld situiert werden. Dieses Vorgehen hat auch einen Namen: die Rahmung einer Forschung. Eine gut gerahmte qualitative Forschung kann sich mehr Freiräume nehmen und somit kreativer sein.

Soziologische Modelle sollten mit anderen Produktionen der gleichen Ebene gekreuzt werden, also mit theoretischen Texten: das klassische Spiel der Verweise also. Für gewöhnlich wird jedoch der Fehler gemacht, daß Unmengen von angesehenen Autoren aus dem alleinigen Grund zitiert werden, die eigene Arbeit abzusichern, obwohl die Zitate nicht selten unpassend und mehr oder weniger beliebig sind. Im Idealfall sollten nur wirklich passende Verweise verwendet werden, und dies auch nur genau an der Stelle, wo sie für eine Beweisführung nützlich sind. Der Verweis ist ein Element der Validierung, aber er sollte möglichst immer auch als Instrument zur Weiterentwicklung der eigenen Argumentation verwendet werden. Seine Funktion als Garant der Validität ist dann weniger aufgepfropft und plakativ, dafür aber um so stärker.

Bleibt ein letztes Beweismittel: die Präsentation der Daten, auf deren Grundlage die Hypothesen erarbeitet wurden. Häufig wird dieses Beweismittel in Form langer Zitate aus den Interviews in den Vordergrund gerückt. Doch wie wir sehen werden, hat dies einen negativen Effekt und schwächt die Konstruktion des Gegenstands. Die Validität eines Modells hängt vielmehr von der Kohärenz des Argumentationsganges, der Treffsicherheit der Illustrationen einer Hypothese und der Genauigkeit der Analyse eines Kontextes ab, also einem möglichst feinen Ineinandergreifen von Theorie und Beobachtung. Es wird jedoch geraten, möglichst einige Kontrollinstrumente mitzuliefern. So ist es beispielsweise nützlich, daß die Befragten jedesmal, wenn sie zitiert werden, eingeordnet werden können, besonders dann, wenn die Interviews bei einer kleineren Gruppe noch vertieft wurden. So habe ich für *Schmutzige Wäsche* einen »biographischen Index« erstellt, der es ermöglicht, das Buch quer zu lesen, indem man der Geschichte jeder Person folgt. Eine solche Kontrolle durch Querlesen ist auch ein probates Mittel, um Manipulationen und mißbräuchlichen Interpretationen von Interviewauszügen vorzubeugen.

II. Mit der Arbeit beginnen: Schnelligkeit, Wendigkeit und Empathie

1. Der Einstieg ins Thema

1.1. Die Ausgangsfrage

Eine Forschungsarbeit beginnt mit der Wahl eines Themas. Prinzipiell ist jedes Thema möglich; jeder beliebige Aspekt der Gesellschaft, und mag er noch so banal, unbedeutend, seltsam, mystisch oder politisiert sein, kann Ausgangspunkt für eine soziologische Untersuchung sein, und selbst aus einem zunächst scheinbar ungeeigneten Thema kann gute Forschung werden. Doch es gibt durchaus Themen, die besser sind als andere. Aus diesem Grund gilt es, genau über das Ausgangsthema nachzudenken. Das ideale Thema ist klar und motivierend: Der Forscher weiß, wohin er sich begibt, und er hat Lust, sich dorthin zu begeben, weil er spürt, daß es dort etwas zu entdecken gibt. Doch einfach nur ein Thema zu formulieren, reicht nicht. Sehr schnell ist der Punkt erreicht, wo man auch darüber nachdenken muß, wie es sich eingrenzen läßt, denn die größte Gefahr liegt darin, in alle Richtungen loszuforschen und sich zu verzetteln, was die Konstruktion eines Forschungsgegenstands unmöglich macht. Um dieser Gefahr zu begegnen, ist es also sehr wichtig, das Thema genau einzugrenzen. Die Hauptwaffe jedoch ist in der Forschungsarbeit selbst angelegt, nämlich in Gestalt des theoretischen Gerüsts, das für die Konstruktion des Forschungsgegenstands zentral ist, das Ganze zusammenhält und verhindert, daß man zu sehr abdriftet oder sich in alle möglichen Richtungen verliert. Manche Arbeiten sind eher deskriptiv; in diesem Fall spielen die äußeren, thematischen Eingrenzungen die Hauptrolle. Andere haben eine stärker theoretische Dimension – dann ist es der konzeptuelle Kern, auf dem die Einheit der Arbeit beruht. Häufig bewegen sich Arbeiten jedoch irgendwo zwischen diesen beiden Polen. Dann muß der Forscher beide Prinzipien, mithilfe derer Forschungsarbeiten zusammengehalten werden, miteinander kombinieren. Was leichter gesagt ist als getan. Denn der Theoriestrang entwickelt sich ständig weiter und nimmt keinerlei Rücksicht auf die anfänglichen Eingrenzungen des Untersuchungsfelds, sondern reißt sie im Gegenteil immer wieder aufs Neue nieder. In diesem fortschreitenden Prozeß der von den Fakten ausgehenden Konstruktion des Forschungsgegenstands muß der Forscher pausenlos Entscheidungen treffen und immer wieder das eine Prinzip dem anderen opfern. Dieser Konflikt um den stärkeren Einfluß findet seinen Niederschlag insbesondere in der Gliederung. Denn die Überschriften der einzelnen Kapitel und Unterkapitel sind ein guter Hinweis darauf, welches der beiden Prinzipien die Oberhand gewonnen hat und ob es ein vernichtender Sieg war. Wenn der Forscher diesen Mechanismus mit seinen beiden Komponenten nicht versteht, wird er hoffnungslos hin- und hergerissen sein und dazu neigen, in die Defensive zu gehen und zu vertuschen, daß ihm alles aus der Hand gleitet. Er verliert die Kontrolle über die Konstruktion des Forschungsgegenstands und läßt sich von seinem empirischen Material erschlagen.

Die Kontrolle über die Konstruktion des Forschungsgegenstands zu behalten, ist also zentral, und zwar von den ersten Augenblicken der Forschungsarbeit an. Es genügt somit nicht, sich für ein Thema zu entscheiden, so klar und motivierend es auch sein mag, sondern ihm müssen sehr bald schon eine oder mehrere Hypothesen und eine Ausgangsfrage zur Seite gestellt werden. Von ihr, und nicht vom empirischen Material selbst, ausgehend wird der theoretische Gehalt Gestalt annehmen. Anselm Strauss schlägt vor, die Wahl einer Ausgangsfrage dadurch zu erleichtern, daß man zunächst in die Empirie eintaucht. Das ist *eine* mögliche Vorgehensweise. Doch sie erfordert meiner Ansicht nach viel Erfahrung. Anfängern rate ich deshalb eher davon ab. Denn das empirische Material wird den Forscher in seiner Reichhaltigkeit zunächst faszinieren, dann aber überschwemmen, so daß er ihm nicht mehr Herr werden kann. Ich halte es deshalb für sinnvoller, von Anfang an eine Idee im Kopf zu haben, die die Rolle einer Leitlinie spielt, welche verhindert, sich zu verlieren. Es ist durchaus auch möglich, von einer Hypothese oder Fragestellung auszugehen und erst danach ein Thema und ein Forschungsfeld zu bestimmen. Auch wenn bei dieser Vorgehensweise der weitere Fortgang der Arbeit einige Überraschungen bereithalten kann, bedeutet sie doch beim Start für den Forscher, der (durch die Konstruktion eines theoretischen Gerüsts) Herr über das Material werden will, einen kleinen Vorsprung im ewigen Wettlauf mit dem Material, das, je mehr es wird, umso mehr droht, ihn zu verschlingen.

In *Schmutzige Wäsche* blieb meine Ausgangsidee, die des Körpergedächtnisses, bis zum Ende dieselbe. Eine solide Leitlinie also, die um so nützlicher war, als das Untersuchungsfeld (wie wir noch sehen werden) starke Abwandlungen erfahren hat. In *Frauenkörper – Männerblicke* war das Untersuchungsfeld klarer eingegrenzt und blieb unverändert. Die Ausgangshypothese hingegen wurde durch die Untersuchung gänzlich widerlegt. Hatte ich also eine schlechte Hypothese gewählt? Ich denke nicht, denn selbst eine falsche Hypothese (meist ist eine falsche besser als gar keine) kann in bestimmten Fällen ein gutes Arbeitswerkzeug sein. Dieser Punkt verdient es, genauer ausgeführt zu werden.

Meine Ausgangsidee war die Frage nach der Rollendistanz. Welcher Zusammenhang besteht zwischen einer Rolle, der Sozialstruktur und dem Individuum, das sie ausfüllt? Welcher Art ist die Distanz zur Rolle, ist sie bedeutsam, und wie funktioniert sie? Verbirgt sich im Inneren der verschiedenen Rollen ein Individuum, das sich von seinen Rollen unterscheidet? Ich habe Erving Goffman gelesen und gemerkt, wie sehr ihn diese Frage beschäftigt hat, ohne daß er zu dauerhaften Schlußfolgerungen gekommen wäre. Die Frage war klar, und ich hatte Lust, etwas darüber zu erfahren. Nun mußte nur noch ein Thema und ein Untersuchungsfeld gefunden werden. Ich benötigte eine eng begrenzte Rolle in einem präzisen Kontext, um sie ohne Schwierigkeiten beobachten zu können, und gleichzeitig eine fragile, dem Widerspruch ausgesetzte Rolle, um die Distanz zur Rolle in ihrer ganzen Tragweite beobachten zu können. Deshalb habe ich die Praxis des Oben-Ohne am Strand gewählt.

Doch wie vernichtend war die Auswertung der ersten Interviews für die Hypothese! Gleichzeitig aber war das Material zu anderen Punkten, die wir zu Beginn nicht im Auge hatten, sehr reichhaltig, etwa was implizite Verhaltensnormen angeht. Ich hätte also die Frage nach der Rollendistanz einfach aufgeben können, ohne daß dieser Mißerfolg besonders großen Schaden angerichtet hätte. Aber ich hatte noch immer keine Antwort auf diese Frage und sie ging mir einfach nicht aus dem Kopf. Jedesmal, wenn ich mit der Auswertung des Materials beschäftigt war, stand sie wieder im Raum. Eine Hypothese, an der der Zweifel nagt, weckt bei dem Forscher, der an sie geglaubt hat, unangenehme Gefühle; er spürt, wie sie stirbt. Es gibt jedoch verschiedene Formen des Todes einer Hypothese: der eine ist definitiv, der andere nur das Vorspiel ihrer Reinkarnation in eine neue Existenz. Meine Hypothese war von der zweiten Art. Und nach der Traurigkeit kehrte die Leidenschaft zurück. Das Material gab deshalb so wenig her, weil man genau in der entgegengesetzten Richtung suchen mußte: Die Distanz zur Rolle war nicht auffindbar, weil sie nicht existiert (oder nur dann, wenn etwas schiefläuft, also wenn sich die Übernahme einer Rolle problematisch gestaltet), und das Individuum erobert sich seine Autonomie in den Momenten des Übergangs von einer Rolle zu einer anderen. Aber in dem Moment, in dem es eine Rolle innehat, versucht es, sie mit Leib und Seele auszufüllen, und je besser das gelingt, desto mehr Freiheit erlangt es (während sich umgekehrt der soziale Druck verstärkt, wenn Distanz zur Rolle besteht). Daß die Vorstellung, im Inneren von Rollen befinde sich ein Individuum, nicht nachgewiesen werden konnte, liegt daran, daß sie durch ihr Gegenteil ersetzt werden mußte: Rollen, die nicht etwa nur Fassade, sondern inkorporiert sind – ein neues Konzept in der Soziologie. Obwohl also meine Ausgangshypothese widerlegt wurde, war sie dennoch keine schlechte Wahl, denn sie führte letztlich zu einem ganz neuen Konzept.

1.2. Die doppelte Funktion der Lektüre

Es gibt keine Forschung ohne Lektüre. Denn kein Thema ist radikal neu, und kein Forscher kann von sich behaupten, er könne auf das Kapital bereits akkumulierten Wissens verzichten. Nötig sind zwei Arten von Lektüre. Die erste hat zum Ziel, den Wissensstand zur behandelten Frage zu eruieren. Hier werden vor allem Daten aufgespürt, gesammelt und gekreuzt, um die Untersuchung in einen Forschungskontext einzubetten. Dabei wird nach konzentrischem Prinzip verfahren: Das, was dem Kern des Themas am nächsten kommt, muß intensiv behandelt werden; hierzu muß alles oder fast alles gelesen werden. Wertvoll ist auch die Konsultation von Datenbanken. Hingegen wird die Lektüreauswahl um so freier, je weiter sich die Daten vom Kern des Themas entfernen. Der zweite Typ von Lektüre verfährt nach einem vollkommen anderen Prinzip: Hier ist das Ziel nicht die Synthese bereits bekannten Wissens, sondern die Problematisierung, das neue Wissen, das mit der Forschung erarbeitet werden soll. Um in dieser Richtung voranzukommen, bedarf es eines wesentlichen Werkzeugs: einer Gruppe von starken und gut gegliederten Hypothesen, ohne die der Forschungsgegenstand keine Gestalt annehmen kann. Die Lektüre kann die Hypothesen liefern, die einem fehlen. Doch wenn man auch hier dem konzentrischen Prinzip folgt, wird die Ernte gezwungenermaßen mager und wenig innovativ ausfallen, und dabei sucht man doch gerade nach etwas Neuem. Im Gegensatz zu deskriptivem Wissen konstruiert sich der theoretische Gegenstand nicht durch Akkumulation. Er nimmt im Gegenteil durch einen Dezentrierungseffekt Form an (Gauchet, 1985). Sehr oft kann eine solche Dezentrierung durch thematisch scheinbar weit entfernte Lektüren ausgelöst und produktiv werden: Da reiht sich eine Idee an die andere und führt auf die Fährte einer überraschenden Lektüre, die ihrerseits wieder eine ganz neue Perspektive auf das behandelte Thema eröffnet. Der Ausgangspunkt für die Formulierung einer Hypothese ist sehr oft das Entdecken einer Analogie in einem ganz anderen Kontext als demjenigen, der behandelt wird (Geertz, 1987). Deshalb sollte man bei der Auswahl der Lektüre ruhig mutig sein, um der Möglichkeit willen, unerwartete Querverbindungen zu entdecken. Doch darf sich die Reflexion nicht auf das Entdecken von Analogien beschränken. Die Analogie an sich ist unproduktiv, und wenn Dinge ungerechtfertigterweise auf dieselbe Stufe gestellt werden, kann dies sogar zu Verwirrungen führen. Wer auf dem Umweg über einen anderen Kontext hingegen die Entdeckung macht, daß dort ein gleichzeitig bekanntes und doch auf andere Weise definiertes Konzept am Werk ist, kehrt mit einem neuen, geschärften und bereicherten Blick zu seinem eigenen Untersuchungsfeld zurück.

1.3. Die Zeit für die Lektüre

Im klassischen Modell der Konstruktion des Forschungsgegenstands und in der empirisch fundierten Theorie wird der Lektüre zwar grundsätzlich gleich viel Zeit eingeräumt, aber sie findet nicht zum gleichen Zeitpunkt während der Forschung statt. Nach dem klassischen Modell findet ein Großteil der Lektüre gezwungenermaßen ganz am Anfang der Arbeit statt, um den Hypothesenkorpus ausarbeiten zu können, der anschließend mithilfe der Untersuchung getestet wird. Das verstehende Interview hingegen benötigt lediglich ein Bündel von Starthypothesen. Die Problemdefinition findet anschließend schrittweise in der Konfrontation mit den Fakten statt. Deshalb ist es unnötig, diese erste Lektürephase übermäßig lange auszudehnen. Denn der erste Kontakt mit dem Untersuchungsfeld löst starke Intuitionen aus (Bertaux, 1988) und bringt die Ausgangsideen erst einmal grundlegend ins Wanken. Da eine solide Problemdefinition erst mit der Untersuchung selbst einsetzen kann, wäre zu viel vorausgehende Lektüre also Zeitverschwendung. In manchen Fällen kann eine übermäßig umfangreiche Lektüre, die der empirischen Arbeit vorausgeht, sogar mehr schaden als nützen, weil ein zu schwerer Überbau die Fakten möglicherweise erdrückt anstatt sie zum Sprechen zu bringen. Der Forscher benötigt ein wendiges Instrument, mithilfe dessen er den Teig der Theorie zum Gären bringen kann. Deshalb sollte man in den ersten Forschungsphasen nur das lesen, was wirklich nötig ist, um eine Vorstellung vom aktuellen Wissensstand zu bekommen, der Forschung eine gewisse Rahmung zu geben und über einige Fragen zu verfügen, die einen sinnvollen Einstieg in die Forschungsarbeit ermöglichen. Die genaue Dosierung der Lektüre ist jedoch je nach Person unterschiedlich: Wer das Gefühl hat, daß er noch nicht über das nötige Rüstzeug verfügt, um sich auf sein Untersuchungsfeld zu begeben, sollte die Lektüre noch eine Weile fortsetzen.

Auf der anderen Seite darf die Lektüre aber auch dann, wenn der Prozeß der Konstruktion des Forschungsgegenstands in Gang gekommen ist, nicht in Vergessenheit geraten. Beschränkt sich der Forscher auf seine eigenen Ideen und auf die Fakten, die er beobachtet, dann werden seine Ergebnisse dürftig ausfallen – eine Dürftigkeit, die ihm jedoch zunächst gar nicht auffällt, weil ihm der unendliche Reichtum des Konkreten, in den er eingetaucht ist, genau den gegenteiligen Eindruck vermittelt. Dies kann ihn nur all zu leicht dazu verleiten, sich selbstgenügsam einfach treiben zu lassen. Genauso wie eine zu große »Bücher-Gefräßigkeit« (Quivy, Van Campenhoudt, 1988, S. 10) zu Beginn der Forschung, ist also auch die Bücherabstinenz im weiteren Forschungsverlauf ein großer Fehler. Denn der Forscher muß sich laufend neue Nahrung zuführen, vor allem dann, wenn ihn angesichts neuer, aufregender, aber noch im Rohzustand befindlicher Hypothesen ein Heißhunger auf Wissen erfaßt. Und dies gilt bis zum Ende der Arbeit, besonders auch während der Phase der Erstredaktion, wenn er beim Ordnen des Materials für die Endredaktion Lücken entdeckt. Statt diese einfach irgendwie zu stopfen, kann man die Arbeit durch eine passende Lektüre mit anderweitig präsentierten Daten ergänzen und das Ganze absichern.

1.4. Das Straffen der explorativen Phase

Die explorative Phase hat nach dem klassischen Modell eine zentrale Bedeutung, weil sie es erlaubt, das theoretische Fundament zu definieren. Es kommt jedoch häufig vor, daß man diesem Anspruch nicht voll und ganz gerecht wird, weil methodologische Zwänge den Forscher, ob er will oder nicht, dazu bringen, seine Instrumente zu standardisieren. Wenn dem so ist, dann erlebt er die explorative Phase als doppeltes Vergnügen – und als doppelte Frustration, wenn er sie beenden muß. »Das explorative Interview ist eine außerordentlich gewinnbringende Technik« und »eine der angenehmsten Phasen einer Untersuchung«, nämlich »die Phase des Entdeckens und Hervorsprudelns neuer Ideen« (Quivy, Van Campenhoudt, 1988, S. 61). Raymond Quivy und Luc Van Campenhoudt, die Autoren eines Handbuchs im Geiste des klassischen Modells, spüren genau, was durch die Standardisierung des Interviews, die sie ansonsten empfehlen, alles verloren geht. Ihre Schlußfolgerung ist, von ihrem Standpunkt aus, einleuchtend: die explorative Phase ausdehnen.

Genauso einleuchtend ist es, beim verstehenden Interview genau den gegenteiligen Rat zu geben: die explorative Phase so kurz wie möglich zu halten. Denn normalerweise sollte der Forscher das Glück des Entdeckens und Hervorsprudelns neuer Ideen, in dessen Genuß er in der Konfrontation mit dem Untersuchungsfeld kommt, auch in den meisten anderen Forschungsphasen erleben können: Die explorative Phase unterscheidet sich hier nicht grundsätzlich von den späteren. Und sie zu sehr auszudehnen, könnte eine strukturiertere Konzeption der Untersuchung unnötig hinauszögern. Im Rahmen des verstehenden Interviews ist diese Phase einzig und allein durch einige technische Aspekte gerechtfertigt, nämlich die Ausarbeitung der Untersuchungsinstrumente, hauptsächlich des Interviewleitfadens, der ein- oder zweimal ausprobiert und dann kritisiert werden muß, bevor er dann seine endgültige Form erhält. Es ist in jeder Hinsicht sinnvoll, diese Vorarbeiten so schnell wie möglich abzuschließen.

56

Einer der von Forschungsanfängern am häufigsten begangenen Fehler besteht darin, den Ablauf schlecht zu organisieren und jede Forschungsetappe zu spät zu beginnen. Für die zu Beginn verlorene Zeit bezahlt man am teuersten, weil sie eine Kettenreaktion nach sich zieht und unausweichlich dazu führt, daß die wichtigsten Phasen später viel zu hastig durchlaufen werden müssen (oft der Grund dafür, daß ein Großteil des gesammelten Materials nur ansatzweise ausgewertet wird). Im Rahmen des verstehenden Interviews ist deshalb die Vorstellung von einer echten explorativen Phase gefährlich. Sie sollte sich auf einige zentrale Aufgaben beschränken: die vorbereitende Lektüre, den Entwurf einer Stichprobenziehung und eine erste Ausarbeitung des Interviewleitfadens, der dann an ein oder zwei Personen ausprobiert wird. Man sollte möglichst schnell zum Kernpunkt des Themas vordringen und gegen tote Zeiten und ein zu langes Sichhinziehen der Arbeitsschritte zu Beginn der Forschung ankämpfen. Die Langsamkeit kommt dann später; zu diesem frühen Zeitpunkt ist der ideale Rhythmus zügig, und das Ziel besteht darin, die empirische Arbeit so schnell wie möglich anzupacken.

1.5. Die kritische Selbstbetrachtung

Die Besonderheit des verstehenden Interviews liegt darin, die Interviewtechniken als anpassungs- und entwicklungsfähige Instrumente zu verstehen: die Werkzeugkiste ist immer offen, und methodische Innovationen sind stets gefragt. Auch die Konstruktion des Forschungsgegenstands unterliegt einer permanenten Weiterentwicklung, die mal schneller vorangeht und mal langsamer, mitunter sogar in Sackgassen mündet. Von diesen oft sprunghaften Veränderungen hängt auch die Organisation der Arbeitsphasen und -rhythmen ab. Während der Forscher seine Befragungen durchführt und über die Hypothesen nachdenkt, muß er also immer auch einen Gesamtüberblick über den effektiven Fortgang seiner Arbeiten bewahren. Er zieht regelmäßig Bilanz und stellt sich dabei immer dieselben Fragen: Wo stehe ich gerade? Muß ich meine Arbeit beschleunigen oder einen Gang zurückschalten? Muß ich andere Werkzeuge verwenden oder die Forschungsrichtung ändern? Tut er dies nicht, verliert er die Kontrolle über die Geschehnisse. Das verstehende Interview erfordert ständige Selbstkontrolle, einen organisierten Ablauf der einzelnen Arbeitsschritte und laufend neue Entscheidungen. Von letzteren ist der Erfolg des Ganzen in hohem Maße abhängig. In dieser Hinsicht also schaut der Forscher bei seiner Arbeit schon auch mal dem Strategen über die Schulter.

2. Entwicklungsfähige Forschungsinstrumente

2.1. Die Gliederung

Die größte Gefahr im Laufe des Forschungsprozesses besteht neben einem zu langen Hinauszögern der einzelnen Phasen darin, sich zu verzetteln. Das Material rinnt einem durch die Finger, und jede Konstruktion des theoretischen Gegenstands wird unmöglich. Eine nützliche Hilfe ist hier Druck von Außen, der einen zur Eingrenzung des Untersuchungsfelds und zu kritischer Selbstbetrachtung zwingt, vor allem aber ein Aspekt, der aus der Arbeit selbst heraus seine positive Wirkung entfaltet, nämlich dieses Bündel von Ideen, um das herum alles angeordnet werden kann. Es bedarf also eines Fadens, an dem die Perlen aufgefädelt werden können.

Ich persönlich bediene mich einer ungewöhnlichen Technik, um mich der Existenz eines solchen Fadens zu vergewissern und seine Qualität zu verbessern: Ich erstelle bereits in der explorativen Phase eine Gliederung für den Forschungsbericht – eine richtige Gliederung, mit Kapiteln und Unterkapiteln, ausformuliert und ausgearbeitet, als wäre sie bereits die endgültige Version und müßte einem Gutachterkomitee präsentiert werden. In Wahrheit verändert sie sich; sie hört gar nicht mehr auf, sich Tag für Tag weiter zu verändern: manchmal nur in kleinen Details, wenn sie an einigen Stellen ergänzt und präzisiert wird, manchmal aber auch in Form von radikalen Einschnitten, wenn eine zentrale These ins Wanken geraten ist. Diese Gliederung, die sich ständig weiterentwickelt, habe ich immer griffbereit, sie ist mein roter Faden, der papierne Träger des Fortschritts meiner Hypothesen. Seine ständige Präsenz erinnert mich außerdem an meine Verpflichtung zu kritischer Selbstbetrachtung und zur Kontrolle der Geschehnisse im Forschungsprozeß.

Die erste Gliederung zu erstellen, ist natürlich keine leichte Aufgabe. Voraussetzung ist, daß man schnell zum Kernpunkt des Themas vordringt (aber gleichzeitig ist ja genau das auch das verfolgte Ziel). Für denjenigen, der das Prinzip der anpassungs- und entwicklungsfähigen Verwendung der Instrumente nicht verstanden hat, birgt diese Vorgehensweise auch eine Gefahr, nämlich diese Gliederung als definitiv zu betrachten, was dazu führt, daß sie sich gegen künftige Entwicklungen sperrt und neuen Entdeckungen im Wege steht. Um eine gewisse Vorstellung von dem zu vermitteln, was ich mit Anpassungs- und Entwicklungsfähigkeit meine: Von meiner anfänglichen Gliederung bleiben am Ende kaum noch zehn, zwanzig Prozent übrig.

Ebenso wie das Erstellen einer Gliederung kann auch die frühe Bestimmung eines Titels die Rolle eines roten Fadens und Prüfstandes für die Kohärenz des Forschungsgegenstands spielen. Wenn sich kein Titel finden läßt, wenn er zu komplex und verschachtelt ist, dann muß mit Sicherheit noch an der Zuspitzung des Themas gearbeitet werden. Natürlich entwickelt sich mit Voranschreiten der Untersuchung auch der Titel weiter.

2.2. Die Stichprobe

Die Stichprobenziehung ist zu Recht eines der Meisterstücke des standardisierten Interviews. Sie muß entweder repräsentativ sein bzw. der Repräsentativität möglichst nahe kommen oder aber ausgehend von genauen Kategorien definiert werden. Da die Inhaltsanalyse beim standardisierten Interview nur an der Oberfläche bleibt, hängt die Validität der Ergebnisse tatsächlich zu einem großen Teil von der Qualität der Stichprobenauswahl ab. Dabei kommt es übrigens nicht selten vor, daß, wie in den quantitativen Methoden, ausgehend von den in Meinungsumfragen verwendeten Kategorien Korrelationen gebildet werden. Beim verstehenden Interview werden solche Korrelationen nur selten verwendet und haben lediglich die Funktion von Hinweisen. Das Material, das man dadurch erhält, dient dann als Ausgangspunkt für eine neue Untersuchung, eine Befragung, die in die Tiefe geht und die ganze Komplexität der einzelnen theoretischen Gerüste zu Tage bringt. Angesichts dieser Komplexität und dieses Reichtums verlieren die klassischen Kriterien (Alter, Beruf, Familienstand, Wohnort) an Erklärungskraft: Sie legen den äußeren Rahmen fest, aber sie erklären nichts; es ist die Geschichte des Individuums, die etwas erklärt. Die Stichprobenziehung wird somit zu einem weniger wichtigen technischen Element, was allerdings nicht bedeutet, daß sie beliebig gestaltet werden kann. Ein Fehler, den es zu vermeiden gilt, ist der einer Verallgemeinerung ausgehend von einer schlecht gestreuten Stichprobe: also zum Beispiel vom Verhalten der Franzosen zu reden, obwohl man nur Jugendliche oder gar nur Studierende befragt hat. Sofern man sowieso nicht nur eine ganz bestimmte Kategorie im Visier hat, sollte man also im Idealfall wie bei einer repräsentativen Stichprobe die verschiedenen üblichen Kriterien (Alter, Beruf usw.) gleichgewichtig berücksichtigen, ohne dabei jedoch zu vergessen, daß die Stichprobe bei einer qualitativen Vorgehensweise keinesfalls als repräsentativ betrachtet werden kann (Michelat, 1975). Das Achten auf die Ausgewogenheit der Kategorien sollte jedoch andererseits auch nicht übertrieben werden, vor allem dann nicht, wenn es sich um kleine Stichproben handelt. Denn schließlich gibt es keinerlei Gewähr dafür, daß der ausgewählte Landwirt dieselben Meinungen vertritt wie die Landwirte, die er repräsentieren soll. Wenn man dann noch zusätzlich fordert, daß er unverheiratet ist, zwischen 30 und 40 Jahre alt und in der Bourgogne wohnt, wird dadurch der repräsentative Charakter seiner Äußerungen nur noch unwahrscheinlicher. Wichtig ist lediglich zu vermeiden, daß die Stichprobe ein offensichtliches Ungleichgewicht aufweist oder daß wichtige Kategorien vergessen werden.

Da die qualitative Methode weit über das reine Sammeln von Meinungen hinausgeht, werden die Gruppen und Individuen, die die Stichprobe bilden, nicht allein aufgrund der angenommenen Merkmale ihrer Äußerungen ausgewählt, sondern können im Rahmen der Untersuchung auch eine dynamischere Rolle spielen. In *Frauenkörper – Männerblicke* besteht die Stichprobe im wesentlichen aus Personen, die wir am Strand angetroffen und befragt haben (eine nur sehr annäherungsweise Evaluation der groben Kategorien war auf der Grundlage einer vorausgehenden Beobachtung durchgeführt worden). Dennoch existiert ein klares Ungleichgewicht (zweihundert Frauen gegenüber hundert Männern), das auch gewollt war, denn das Verstehen der weiblichen Sichtweisen stand im Zentrum der Untersuchung. Sobald Meinungen nicht eindimensional behandelt werden, ist es durchaus möglich, Zoom-Effekte zu produzieren. Im übrigen wurden diese im Untersuchungsfeld durchgeführten Interviews durch Befragungen von beruflich am Strand Tätigen (Strandwärtern, Bademeistern, Händlern) sowie von Personen, die nicht an den Strand gehen, ergänzt (im diesem Fall durch Gespräche in den Wohnungen der Befragten). Die jeweilige Größe dieser beiden Gruppen hätte variieren können, ohne daß dies Einfluß auf die Ergebnisse gehabt hätte. Dies jedoch unter einer Bedingung: daß während der Analyse des Materials derjenige, der redet, immer genau situiert wird. Je konsequenter dieses Prinzip befolgt wird, desto flexibler kann die Auswahl der Stichprobe gehandhabt werden. Die Arbeit findet dann auf mehreren parallelen Reflexionsebenen statt. Jede Auswertung des Materials muß ständig von einer Analyse der Produktionsbedingungen des jeweiligen Diskurses begleitet sein: Wer ist derjenige, der diese Sätze formuliert? Und warum formuliert er sie? Aus diesem Grund geht man übrigens auch sehr schnell über die klassischen Kriterien einer repräsentativen Stichprobenziehung hinaus: Die Auswertung des Materials liefert laufend neue Fokussierungen, welche unendlich zahlreicher, exakter und gehaltvoller sind als die klassischen Kriterien.

Die volle Bedeutung dieser reflexiven Vorgehensweise, im Rahmen derer die eigentliche inhaltliche Arbeit immer die Produktionsbedingungen der Diskurse und den Fortgang der Konstruktion des Forschungsgegenstands im Auge behält, wird besonders mit Blick auf den Forschungsprozeß als ganzen deutlich: Je weiter der Forscher voranschreitet, desto feiner werden seine Fokussierungen. Allem Anschein nach handelt es sich hier um einen Prozeß, der einerseits zu einer Anhäufung von

Detailinformationen führt, andererseits aber auch voller Überraschungen hinsichtlich der zentralen Hypothesen sein kann: Nicht selten werden sie im Laufe des Forschungsprozesses grundlegend umformuliert oder auf den Kopf gestellt. So können die gesammelten Details, wenn man sie in ihrem lebensgeschichtlichen Zusammenhang betrachtet, plötzlich einen ganz neuen Sinn bekommen (vor allem dann, wenn sich das Identitätsmodell, von dem man zunächst ausgegangen war, als sekundär erweist). Oder die Tatsache, daß der Forschungsgegenstand während der Untersuchung plötzlich neue Konturen annimmt, kann dazu führen, daß eine Erweiterung der Stichprobe nötig wird, denn schließlich muß alles versucht werden, um diejenigen Personen zu finden, die im Hinblick auf die aufgeworfenen Fragen am meisten beitragen können (Rabinow, 1988).

In *Schmutzige Wäsche* setzte sich die ursprüngliche Stichprobe nach einem einfachen Schema zusammen: Sie bestand aus zwanzig dem Alter und der sozialen Herkunft nach unterschiedlichen Haushalten. Die Ausgangsfrage war präzise und beinhaltete eine theoretische Dimension: das Körpergedächtnis. Die Entscheidung, Paarbeziehungen zu untersuchen, hatte methodische Gründe: Um zu verstehen, wie sich Bedeutungen in Gesten einschreiben, schien es interessant, kleine, intime Einheiten zu nehmen, wo tagtäglich unterschiedliche Gewohnheiten miteinander konfrontiert sind. Das Forschungsprogramm setzte vor allem auf diese Karte: Der Mann und die Frau wurden getrennt interviewt, dann wurden die Ambiguitäten und Schattenzonen aufgedeckt, ein personalisierter Leitfaden ausgearbeitet, der die Widersprüche zwischen den Partnern zum Gegenstand hatte, und schließlich wurden mit beiden gemeinsam Interviews geführt, im Rahmen derer sie die Widersprüche erklären sollten. Doch die ersten Interviews (mit sechs Haushalten) waren eine große Enttäuschung: Die Paare gaben nur sehr wenig preis, und auch das Wenige nur in Form von kurzen und banalen Sätzen. Deshalb entschied ich mich, die Taktik zu ändern, und zwar mithilfe der Stichprobe. Die sechs befragten Paare waren Haushalte, die sich bereits eingerichtet und bestimmte eingespielte Gewohnheiten angenommen hatten. Ich kam auf die Idee, daß Paare, die erst dabei waren, zusammenzuwachsen und deshalb bei der Aufstellung ihrer Organisationsprinzipien die Unterschiede zwischen ihren jeweiligen Gewohnheiten direkter erlebten, mehr zu sagen hätten. Das Auswahlprinzip für die Stichprobe wurde also geändert, und wir befragten zusätzlich acht junge Paare. Auch diese Taktik schlug fehl: Die jungen Paare sagten auch nicht viel mehr (weil es sehr schwierig ist, das, was tief in den Körper eingeschrieben ist, zum Ausdruck zu bringen). Wie mir erst später klar wurde, war die Lösung nicht in der Interviewphase, sondern in der Analyse des Materials zu suchen: Auch banale Sätze können viel aussagen, wenn es gelingt, sie zum Sprechen zu bringen. Dennoch war der Umweg über die jungen Paare auch kein voller Mißerfolg, sondern ließ mich einen faszinierenden und höchst aktuellen gesellschaftlichen Prozeß entdecken, nämlich einen neuen Typus des Einstiegs in eine Paarbeziehung. In dieser Phase des Forschungsprozesses war es nötig, eine Pause einzulegen, und es begann eine Periode des Bilanzierens und Zweifelns. Alles war unsicher geworden, der Forschungsgegenstand ebenso sehr wie das Forschungsprogramm. Doch in Form eines Kompromisses zwischen gesellschaftlicher und soziologischer Ebene fand ich einen Ausweg aus dieser Situation: Der Forschungsgegenstand wurde um zwei Elemente herum, die auf verschiedenen Ebenen angesiedelt waren, neu zusammengesetzt: die Paarbeziehung und das Körpergedächtnis, wobei die Paarbeziehung den Hauptaspekt bilden sollte. Es wurde beschlossen, den Text auf einem weniger theoretischen Niveau zu schreiben, der Fragenkatalog wurde überarbeitet und durch den Beziehungsaspekt ergänzt, und da die Stichprobe unausgeglichen war, wurden noch sechs weitere Interviews mit bereits älteren Paaren durchgeführt, um dieses Ungleichgewicht zu korrigieren.

Diese Geschichte einer Stichprobe stellt natürlich keineswegs das Modell dar, dem man nacheifern sollte. Daß diese Stichprobe eine so bewegte Geschichte hatte, liegt an einer Reihe von

Schwierigkeiten und Mißerfolgen, die man, wenn möglich, lieber vermeiden sollte. Doch letztlich hängt alles davon ab, was man findet oder nicht findet, davon, wie die Untersuchung vorankommt, und von der Konstruktion des Forschungsgegenstands. Die Stichprobe ist nur ein Instrument.

Noch ein letztes Wort zur Stichprobe: Ich benutze diesen Begriff, weil er weit verbreitet ist. Eigentlich verträgt er sich jedoch schlecht mit einer qualitativen Perspektive, weil er in sich bereits die Vorstellung von Repräsentativität und Stabilität trägt. Im verstehenden Interview geht es weniger darum, eine Stichprobe zu bilden, als vielmehr seine Informanten gut auszuwählen.

2.3. Der Interviewleitfaden

Im Rahmen des verstehenden Interviews ist der Leitfaden eine flexible Orientierungshilfe. Ist er erst einmal erstellt, kommt es selten vor, daß der Interviewer die Fragen eine nach der anderen abliest und der Reihe nach stellt. Der Interviewleitfaden stellt lediglich eine Hilfe dar, um die Informanten zu einem bestimmten Thema zum Reden zu bringen, und im Idealfall entsteht eine Gesprächsdynamik, die, sofern sie beim Thema bleibt, bedeutend wertvoller ist als das simple Antworten auf Fragen. Mit anderen Worten: Im Idealfall vergißt man den Leitfaden. Doch um dahin zu gelangen, muß er zunächst einmal ausgearbeitet, sorgfältig niedergeschrieben und so gut wie auswendig gelernt werden.

Manche Forscher arbeiten einen Leitfaden aus, der sehr allgemein gehalten ist, manchmal nur aus Themenbereichen besteht. Ich bevorzuge eine Reihe von wirklichen, präzisen und konkreten Fragen. Denn auf diese Weise verfügt man über ein stärker pointiertes Werkzeug. Ich verfasse die Fragen auf einen fiktiven Interviewpartner hin und versuche, mir seine Reaktionen und Antworten vorzustellen, wodurch sich die Genauigkeit der Fragen erhöhen läßt. Natürlich werden die Reaktionen und Antworten des realen Interviewpartners andere sein, aber es wird dann genügen, die Fragen während des Interviews entsprechend anzupassen.

Die Reihenfolge der Fragen muß logisch sein (es ist sinnvoll, sie nach Themen zu ordnen) und sie müssen ein kohärentes Ganzes bilden. Abrupte Gedankensprünge oder ein Fragen-Potpourri müssen systematisch vermieden werden. Und dies aus einem Grund, der selten bedacht wird: Der Informant bestimmt selbst darüber, wie stark er sich in das Interview involvieren läßt, und dies hängt in hohem Maße von dem Vertrauen ab, das er dem Interviewer entgegenbringt. Fragen, die zusammenhanglos eingefügt sind, merkwürdige oder ungerechtfertigte Fragen vermitteln ihm sofort einen negativen Eindruck (de Singly, 1992). Ganz abgesehen davon lassen ihm allzu schnelle Themensprünge auch gar nicht die Zeit, sich wirklich auf das Interview einzulassen.

Besonders wichtig sind die ersten Fragen; sie geben für das weitere Gespräch den Ton an. Die Gesprächsdynamik, die später in Gang kommt, kann dazu führen, daß der Leitfaden gar nicht weiter verfolgt wird, aber die ersten Fragen werden fast immer gestellt. Dabei sind verschiedene taktische Vorgehensweisen möglich. Man kann mit einigen einfachen und leicht zu beantwortenden Fragen beginnen, um einfach zunächst das Eis zu brechen. Doch sollte man auch nicht zu viele solcher Fragen stellen, weil sich der Informant sonst auf einen oberflächlichen Antwortstil einstellt. Es kann aber auch die umgekehrte Taktik gewählt werden. Denn während am Anfang noch alles offen ist, hat sich der Informant zu einem späteren Zeitpunkt im Interview mit seinen vorausgehenden Antworten bereits eine Art Rahmen gesteckt, innerhalb dessen er sich bewegt und der bereits gewisse Festlegungen bedeuten kann. Von der Offenheit am Anfang kann man also auch profitieren, um auf Anhieb eine zentrale Frage zu stellen und damit zu testen, was in den Köpfen ist, bevor irgendwelche Festlegungen für weitere Antworten stattgefunden haben. In *Frauenkörper – Männerblicke* haben wir einen Weg dazwischen gewählt. Die ersten beiden

Fragen waren einfach, deskriptiv, und der Tonfall verlangte nach einer schnellen Antwort: »Warum hat sich diese Mode ihrer Ansicht nach entwickelt?« Doch dann gaben wir uns nicht mit den ersten Antwortversuchen zufrieden, sondern setzten immer wieder neu an, um an die tieferen Gründe heranzukommen und die Informanten auf direktem Wege zum Zentrum der Untersuchung zu bugsieren.

Doch nun: Wie soll man die Fragen notieren? Indem man eine nach der anderen aufschreibt, wie sie einem in den Sinn kommen, und sie nach Themen ordnet! Es gibt keine andere Möglichkeit, aber es hat durchaus seinen Sinn, diese Banalität in Erinnerung zu rufen, denn dies hilft dabei, den Fehler besser zu verstehen, der darin besteht, ein Maximum an Fragen aneinanderzureihen, ohne genau darüber nachzudenken, welchen Stellenwert sie haben. Denn jede Frage ist anders: Es gibt gute und weniger gute, schlechte, zentrale und sekundäre. Deshalb gilt es, einen Interviewleitfaden mehr oder weniger so zu konstruieren, wie man einen wissenschaftlichen Gegenstand konstruiert: indem man an seiner Kohärenz arbeitet, das heißt, indem man das verstärkt, was zentral ist, und das kontrolliert, was sekundär ist, und indem man zielstrebig das herausnimmt, was überflüssig ist. Viele Forscherlehrlinge haben eine falsche Vorstellung davon, wie weit sie mit ihrer Arbeit sind. Sie glauben, daß sie den wesentlichen Teil ihrer Arbeit getan haben, wenn sie viel Material gesammelt haben, und daß sie um so weiter sind, je mehr Material sie gesammelt haben. Diese Sichtweise ist in doppelter Hinsicht falsch: erstens, weil der Hauptteil der Arbeit nach der Phase des Materialsammelns erst beginnt, und zweitens, weil die Quantität des gesammelten Materials allein nichts aussagt und nur im Lichte seiner Qualität beurteilt werden kann. Ein Material, das nur Randbereiche berührt und mit dem eigentlichen Thema nicht viel zu tun hat, ist in der Regel nicht nur nutzlos, sondern kann auch negative Wirkung haben, wenn es den Forscher überschwemmt und daran hindert, seinen Forschungsgegenstand zu konstruieren. Deshalb wird hier eindringlich dazu geraten, den Interviewleitfaden nicht einfach mit irgendwelchen nur annäherungsweise passenden Fragen aufzublähen, nur um ihn umfangreicher zu machen. Man sollte vielmehr versuchen, die Fragen zu hierarchisieren und zentrale Fragen zeitlich leicht versetzt zu formulieren. Auch sekundäre Fragen können durchaus interessante Aspekte liefern, die man zunächst gar nicht im Visier hatte (in *Schmutzige Wäsche* gab es nur eine einzige Frage zur Kindheit, die sich dann aber als wesentlich herausstellte); sie sollten aber dennoch sorgfältig ausgewählt und zahlenmäßig begrenzt werden.

Interviewleitfäden haben immer dieselbe Lebensgeschichte. Zunächst dringt der Forscher als Fremdling in eine Welt abstrakter Fragen vor, die er zu Papier bringt. Doch schon wenn er sie ins Reine schreibt, beginnt er, sich an sie zu gewöhnen. Dieser Gewöhnungsprozeß geht so schnell und intensiv vonstatten, daß sich der Forscher bereits nach den ersten explorativen Interviews nicht mehr dazu durchringen kann, seine Fragen abzuändern – abgesehen vielleicht von wenigen Details, die sich ganz offensichtlich als fehl am Platz erweisen. Doch um all jene Fragen, die einfach schlecht konstruiert, zu flach, zu aufgeblasen oder zu spitzfindig sind und Gleichgültigkeit, Schweigen oder Unbehagen hervorrufen, noch einmal anzurühren, fehlt ihm bereits der Mut. Und diese Tendenz nimmt im Laufe der Untersuchung immer mehr zu: Jede Änderung des Interviewleitfadens wird langsam aber sicher zum Tabu. Dies ist ein Fehler. Ihn regelmäßiger Kritik zu unterziehen, könnte nämlich äußerst förderliche Effekte haben, doch die Macht der Routinisierung ist so groß (weil sie für die Konstruktion eines effizienten Instruments nötig ist), daß es einem unmöglich erscheint, eine permanente kritische Hinterfragung als notwendiges Prinzip zu postulieren. Deshalb ist es wesentlich, zwischen den einzelnen Interviews Pausen einzulegen, sich immer wieder zur Hinterfragung jeder einzelnen Frage zu zwingen, und, wenn hinsichtlich dieses oder jenes Aspekts Zweifel aufkommen, diese Gelegenheit entsprechend zu nutzen.

In manchen Fällen kann man unter Umständen sogar noch weiter gehen, etwa in einer zweiten Befragung einen völlig überarbeiteten Leitfaden verwenden. Oder man kann jede einzelne Frage einer permanenten Analysearbeit unterziehen. Denn jede Frage ist anders, hat ihre Stärken und Schwächen. Sie ruft bestimmte Arten von Offenheit und bestimmte Vertuschungsversuche hervor, Antworten mit einem ganz bestimmten Maß an Tiefgang und sogar regelmäßig wiederkehrendem Tonfall und Fetisch-Ausdrücken. In einer derzeit laufenden Untersuchung habe ich eine solche Analyse jeder einzelnen Frage, ihrer Fallen und ihrer reichen Möglichkeiten durchgeführt, um eine Gruppe von Interviewern besser anleiten zu können. Das war eine sehr anstrengende Arbeit, die nicht als allgemeines Modell gelten kann – schließlich wird der Leitfaden hier als leicht handhabbares Werkzeug vorgestellt. In kleinen Dosen jedoch kann sich dieses Vorgehen, zumindest während der explorativen Phase, als äußerst nützlich erweisen.

3. Das Führen der Interviews

3.1. Die Hierarchie durchbrechen

Ist die Stichprobe ausgewählt und der Interviewleitfaden ausgearbeitet und getestet, dann bleibt nur noch, die Informanten zu treffen und die Interviews zu führen. Für manche ist das ein schwieriger Moment: Türen, die einem vor der Nase schließen, eine skeptisch gerunzelte Stirn zu Beginn des Interviews – das sind Dinge, die nicht immer so einfach durchzustehen sind. Diejenigen, die mit dieser Einstiegsphase ihre Schwierigkeiten haben, sollten sich damit trösten, daß sie kurz ist: Sobald das Interview an Tiefe gewinnt, wird alles viel einfacher. Und genau das ist das Ziel: Der Austausch zwischen Interviewer und Interviewtem soll so intensiv wie möglich werden, so daß man an die wesentlichen Aussagen herankommt.

Ein hierfür entscheidendes erstes Element ist der Gesprächsstil. Wenn der Interviewer in trübseligem Ton eine Liste von Fragen herunterleiert oder, noch schlimmer, sie abliest, als handelte es sich um einen Fragebogen, wird die Person mit ihren Antworten sehr schnell auf denselben Stil einschwenken und sich auf kurze Antworten beschränken, die nur ihre oberflächlichen Gedanken wiedergeben und ihr am leichtesten zugänglich sind, ohne sich wirklich persönlich einzubringen. Von einem solchen Stil sollte man sich radikal abgrenzen; er fördert ein Material zutage, mit dem man im Rahmen der verstehenden Methode wenig anfangen kann. Bei einem Fragebogen fordern Tonfall und Formulierung der Fragen logischerweise zu kurzen und klare Antworten auf: ja oder nein, *multiple choice*, »offene«, aber knappe Sätze. Diese Art der Befragung führt zu einer hierarchischen Interaktion: Der Befragte ordnet sich dem Interviewer unter, akzeptiert seine Kategorien und wartet brav auf die nächste Frage. Das Ziel des verstehenden Interviews aber ist, diese Hierarchie zu durchbrechen. Der Tonfall, der getroffen werden muß, ist dem eines Gesprächs zwischen gleichberechtigten Individuen viel näher als dem eines von oben vorgegebenen Fragebogens. Manchmal verselbständigt sich dieser Gesprächsstil, der Interviewrahmen gerät in Vergessenheit, man plaudert mehr oder weniger über das Thema. Solche Momente zeigen an, daß das Gespräch eine gewissen Intensität erreicht hat, und spielen durchaus eine positive Rolle: Sowohl der Interviewer als auch der Befragte kann durchatmen. Doch dürfen solche Momente auch nicht zu lange andauern, sonst besteht die Gefahr der Destrukturierung des Interviews und seines Abgleitens in ein lahmes Geplauder. Um an wesentliche Informationen heranzukommen, muß der Interviewer zwar dem Stil nach einem Gespräch sehr nahe kommen, gleichzeitig jedoch nicht wirklich in ein Gespräch abdriften. Ein Interview ist Arbeit und erfordert zu jedem Zeitpunkt eine gewisse Anstrengung. Im Idealfall gelingt es, die Hierarchie zu durchbrechen, ohne jedoch in äquivalente Positionen zu verfallen. Jeder der beiden Partner behält eine andere Rolle. Der Interviewer legt das Spiel fest, gibt die Regeln vor und stellt die Fragen; zu Anfang begnügt sich der Befragte mit bloßem Antworten. Dann jedoch kommt das Spiel in Gang. Der Interviewte muß spüren, daß er mit dem, was er sagt, beim Wort genommen wird, daß ihm der Interviewer aufmerksam zuhört und auch bereit ist, ohne zu zögern von seinem Leitfaden abzuweichen, etwa um ihn um nähere Erklärungen zu einer wichtigen Information zu bitten. Der Informant ist überrascht zu spüren, daß ihm wirklich zugehört wird, und nicht ohne Vergnügen wird ihm bewußt, daß seine Rolle immer zentraler wird: Er wird nicht einfach nur zu seiner Meinung befragt, sondern er ist gefragt, weil er über ein wertvolles Wissen verfügt, das der Interviewer nicht hat, so sehr er auch über das Spiel bestimmen mag. Auf diese Weise kann es in dieser Austauschbeziehung zu einem wirklichen Gleichgewicht zwischen zwei starken und kontrastierenden Rollen kommen. Und dem Informanten wird bewußt, daß er seine Position in der Interaktion weiter stärken kann, indem er noch tiefer in sich hinabtaucht und es schafft, noch mehr Wissen hervorzugraben.

3.2. Die Befragung in der Befragung

Ein verstehendes Interview gut zu führen, ist ein höchst spannendes Unternehmen, das reich ist an Informationen, Menschlichkeit und Emotionen. Daher kann es für den Interviewer äußerst anstrengend sein. Denn schließlich darf er sich bei weitem nicht mit dem Sammeln von Daten zufrieden geben, sondern muß stets zu dem Versuch bereit sein, noch mehr in der Tiefe zu schürfen. Den Schlüssel dazu bietet die Formulierung der Fragen: Er muß die richtige Frage finden – nicht irgendeine, nur damit eine gestellt ist, sondern zu jedem Zeitpunkt des Interviews die beste. Die beste Frage steht nicht im Leitfaden, sondern man leitet sie aus dem bereits Gesagten ab. In seinen vorausgehenden Antworten hat der Interviewpartner Ansichten, Analysen und Gefühle geäußert, deren Inhaltsanalyse einige Monate später zeigen wird, daß sie untereinander widersprüchlich sind, daß sie von allgemeinen gesellschaftlichen Prozessen zeugen oder daß hier erste Informationsbrocken zu einem wesentlichen Aspekt geliefert wurden, ohne jedoch tiefer vorzudringen – kurzum: daß sie eine wahre Goldmine darstellen, die der Interviewer aber im Augenblick des Interviews nicht auszuschöpfen wußte. Der Interviewer hat andere Sorgen: Er hat nur wenige Sekunden, um sich eine neue Frage auszudenken, er denkt an tausend Dinge gleichzeitig (die Hypothesen, den Leitfaden, das eben Gesagte, den Interviewstil, die Müdigkeit des Informanten etc.), seine Gedanken purzeln durcheinander, und nicht selten stellt er eine Frage auf gut Glück, vor allem um den Gesprächsfaden nicht abreißen zu lassen. Man sollte deshalb nicht mehr von ihm verlangen, als er zu leisten imstande ist. Aber gleichzeitig sollte er sich selbst immer wieder vor Augen führen, daß er seine Sache stets noch ein wenig besser machen könnte, wenn er in dieser außergewöhnlichen Situation des direkten Zugriffs seine Befragung in der Befragung noch vertiefen würde. Danach wird es zu spät sein, und derjenige, der das Material analysiert (und der in der Regel niemand anderes ist als er selbst), wird schwer zu tun haben, um die Lücken zu füllen und mit magerem Material etwas theoretisch Wertvolles zu schaffen.

Um die richtige Frage zu finden, gibt es keinen anderen Weg, als intensiv auf das zu hören, was gesagt wird, und, noch während der Informant redet, darüber nachzudenken. Hat er hier einen interessanten Gedanken geäußert, ohne ihn weiter auszuführen? Dann muß man ihn, natürlich ohne ihn zu unterbrechen, zu diesem Gedanken noch einmal befragen. Hat er eine Ansicht geäußert, die mit dem, was er zuvor gesagt hat, nicht kompatibel zu sein scheint? Der Widerspruch verdient es, aufgeklärt zu werden. Hat er eine für das Thema vielsagende Geschichte erzählt? Wenn sie interessant ist, kann man über eine längere Zeit der Fährte dieser Geschichte folgen und zu ihren verschiedenen Aspekten weitere Fragen stellen. Mitunter entwickelt sich auf diesem Wege eine derart fruchtbare Enthüllungsdynamik, daß der Informant den Interviewer weit von seinem Interviewleitfaden wegführt. Solange letzterer aber der Ansicht ist, daß man noch nah genug am Thema bleibt, ist es ganz und gar in seinem Interesse, sich in diese unvorhergesehene Richtung ziehen zu lassen. Es gibt jedoch auch Situationen, in denen der Gesprächspartner keinerlei Überraschungen mehr bereithält und seine Enthüllungen nur mäßig interessant sind. In diesen Fällen hat sich der Informant nicht wirklich auf das Interview eingelassen. Aber kein Grund zur Verzweiflung: Der Prozeß kann aufgrund einer guten Frage oder einer bestimmten Verhaltensweise des Interviewers unversehens wieder in Gang kommen.

Nun hat der Interviewer nicht immer eine originelle und präzise, aus dem eben Gesagten abgeleitete Frage im Sack. Dann kann er zu der klassischen Technik des Nachhakens (Blanchet, Gotman, 1992) greifen, einer einfachen, aber wirkungsvollen Strategie, eine Frage zu vertiefen oder wenigstens um sie herum Kreise zu ziehen und dadurch Zeit zu gewinnen, um Hinweise zu entdecken und gezielter nachbohren zu können. Auch ist es möglich, das Gespräch zu unterbrechen, eine Pause einzulegen, seine Unterlagen durchzusehen und eine Frage aus dem Interviewleitfaden zu stellen. Geschieht dies nicht zu oft, wird dieser Moment des Durchatmens von Seiten der Informanten sogar positiv erlebt, weil es den strukturierten und legitimen Rahmen des Interviews in Erinnerung ruft, den das gesprächsbetonte Verhalten unter Umständen in Vergessenheit geraten ließ. Deshalb ist es grundsätzlich ratsam, während des Interviews einmal innezuhalten, den Leitfaden zu überfliegen und sicherzustellen, daß nichts Wichtiges vergessen worden ist. Der Informant beobachtet das in aller Ruhe und wartet darauf, daß der »Bekenntnis«-Prozeß wieder neu in Gang kommt. Das Interview hat einen Rhythmus, den man erspüren und kontrollieren sollte: Wie die Antworten zunächst an der Oberfläche bleiben und später erst stärker in der Tiefe schürfen, wie sie von einer gewissen Leichtigkeit zu der größeren Mühseligkeit übergehen, mit der tief vergrabenes Wissen ans Tageslicht befördert wird, so variiert auch das Tempo zwischen schnellen, lebhaften Gesprächsteilen und langsamen, von Schweigepausen unterbrochenen Sätzen. Der Interviewneuling sollte vor solchen Schweigepausen keine Angst haben. Füllt er sie zu schnell, fehlt ihm die nötige Zeit, eine passende Anschlußfrage zu finden; außerdem hindert er seinen Interviewpartner daran, seinen Gedanken freien Lauf zu lassen und sie weiterzuentwickeln. Die Lücken dürfen erst dann gefüllt werden, wenn sie ein offensichtliches Unbehagen hervorrufen.

Innerhalb der Variationen im Rhythmus und Inhalt der Fragen gibt es einen besonderen Fragenkomplex, der sich auf die gesellschaftlichen Merkmale (Alter, Beruf etc.) des Informanten bezieht. Ich rate davon ab, sie auf Band aufzunehmen, weil sie das Material hinterher unnötig aufblähen und dem Interview einen gewissen »Fragebogen-Stil« verleihen. Besser, man notiert sie auf einem separaten Stück Papier.

Wenn der Interviewer auf seine Taste drückt, um die Aufnahme zu stoppen, löst das beim Informanten nicht selten neue Redelust aus, weil er sich jetzt freier fühlt und bedauert, daß es ihm nicht gelungen ist, alles zu Sprache zu bringen, was er hätte sagen können. Diese zwei Gründe für die neue Redelust bringen zweierlei Arten von Material hervor: im ersten Fall neue Informationen, im zweiten Fall eine (weniger strukturierte) Wiederholung dessen, was bereits gesagt wurde. Es liegt beim Interviewer zu entscheiden, ob etwas Neues dabei ist. Sofern dies der Fall ist, stellt es in der Regel kein Problem dar, das Aufnahmegerät noch einmal in Gang zu setzen. Der Informant hat ein bisher verschlossenes Bekenntnisregister geöffnet, weil er sich durch das Beenden der Aufnahme freier gefühlt hat; wird das Aufnahmegerät nun wieder eingeschaltet wird, hält ihn das aber nicht davon ab, weiterzureden. Die Geste des Ausschaltens hatte einfach den Effekt, eine Blockade zu beseitigen.

3.3. Empathie

Einerseits muß der Interviewer sehr aktiv sein und das Spiel bestimmen, gleichzeitig muß er aber auch bescheiden und diskret zu bleiben wissen. Es ist der Informant, der im Vordergrund steht und dies auch an der Haltung desjenigen, der ihm gegenüber sitzt und ihn befragt, ablesen können muß: an seinem aufmerksamen Zuhören, seiner Konzentration, die davon zeugt, daß dem Interview Bedeutung zugemessen wird, an dem extremen Interesse, das den geäußerten Ansichten – auch den nichtssagenden oder seltsamen – entgegengebracht wird, an der offensichtlichen Sympathie für die befragte Person. Zu Beginn ist das eine Rolle, die erst noch Form annehmen und Konturen gewinnen muß. Der Interviewer tut so, als sei er interessiert, auch wenn es ihm schwer fällt, etwas zu finden, was wirklich von Interesse sein könnte. Doch er sollte sich nicht täuschen: Daß ihm das schwer fällt, liegt nur zum Teil am Informanten. Der Hauptgrund ist in seiner eigenen Unfähigkeit zu suchen, das, was interessant war, zu hören und zu verstehen. Also muß er noch aufmerksamer zuhören. Auf diese Art und Weise entdeckt er Stück für Stück eine neue Welt, nämlich die der befragten Person, mit ihrem Wertesystem, ihren Ordnungsschemata, ihren auffälligen Besonderheiten, ihren Stärken und Schwächen. Er muß diese

Welt entdecken und verstehen im doppelten Weberschen Sinne. Er muß Sympathie für den Befragten entwickeln, während er gleichzeitig seine mentalen Strukturen begreift.

Eine Haltung, die der befragten Person zugeneigte ist, und der Versuch, die Schemata zu entdecken, die den Kern ihres Denk- und Handlungssystems ausmachen, stellen keine von einander losgelösten Elemente dar. Der Interviewer beginnt mit einer Rolle, die sich noch im Aufbau befindet. Er ist freundlich, empfänglich und nimmt alles, was man ihm sagt, sehr positiv auf. Das ist ein Werkzeug, das ihm dabei hilft, das Gespräch in Gang zu bringen und Zugang zur Welt seines Informanten zu gewinnen. Wenn dann die aussagekräftigen Aspekte, die Schlüssel zum Verstehen einer Existenz herausgeschält werden, reiht sich eins ans andere. Denn dann versteht der Informant, daß das Verhalten des Interviewers kein Bluff war, sondern daß dieser sich wirklich für ihn als Person interessiert, daß er sich sogar so sehr für ihn interessiert, daß er bis ins Innerste seiner Welt vorgedrungen ist, sein Denksystem versteht und mit seinen Kategorien genauso umgeht, wie er selbst es tun würde. Also faßt er Vertrauen und bekommt ganz von selbst Lust dazu, mit dem Interviewer zusammen diesen Weg weiterzugehen.

Um auf diese Weise Zugang zum emotionalen und kognitiven Inneren seines Gesprächspartners zu bekommen, muß der Interviewer seine eigenen Ansichten und gedanklichen Kategorien außen vor lassen. Er darf nur noch an eines denken: Da ist eine Welt, die es zu entdecken gilt und die voller unbekannter Reichtümer ist. Jedes persönliche Universum hat seine Kostbarkeiten, aus denen wir unendlich viel lernen können. Aber hierfür muß jede ablehnende oder feindselige Haltung vermieden werden – welche Vorstellungen und Verhaltensweisen derjenige, der spricht, auch immer vertreten mag. Es geht einzig und allein darum zu verstehen zu versuchen, mit Zuneigung, Respekt und einem intensiven Wissensdurst. Nehmen wir den Fall eines Interviews über Rassismus. Solange die Fragen oberflächlich bleiben, bleibt auch der Interviewer unzugänglich und seine Eingeständnisse vorsichtig und wenig informativ. Gewinnt der Interviewer hingegen Zugang zur Welt der befragten Person, mit anderen Worten: versucht er, deren Rassismus zu verstehen (kein mitleidvolles, verzeihendes Verstehen, sondern ein wirkliches Verstehen, mit Interesse, Aufmerksamkeit und Sympathie), führt die Befragung aller Wahrscheinlichkeit nach zu anderen Schlußfolgerungen, enthüllt einen wesentlich größeren Rassismus und erlaubt es, zu den Entstehungsursachen dieser Einstellung vorzudringen. Will der Interviewer wirklich verstehen, so muß er imstande sein, sich jeglicher Moral zu entledigen. Sobald das Interview beendet ist, wird er sich seine Ansichten und Überzeugungen wieder zueigen machen.

3.4. Engagement

Die klassische Methodenlehre empfiehlt dem Interviewer beim Führen des Interviews Neutralität. Er darf »weder Zustimmung noch Ablehnung noch Überraschung zeigen«, was voraussetzt, »eine gewisse Distanz zu bewahren« und sich »nicht persönlich einzubringen« (Loubet Del Bayle, 1989, S. 43). Anne Gotman wendet sich gegen ein solches Sich-Heraushalten und eine solche Enthumanisierung der Beziehung: »Es nützt überhaupt nichts, sich auszuschalten, am anderen vorbei zu sehen, die Augenlider zu senken, eine demütige Haltung einzunehmen, sich klein und vergessen zu machen. Kein Mensch wird Ihnen glauben, daß Sie keine Meinung zu dem Thema haben, mit dem Sie sich beschäftigen, und keinerlei Vorlieben« (1985, S. 163). Der Informant braucht im Gegenteil Anhaltspunkte, um seine Äußerungen entwickeln zu können. Dies ist im übrigen ein altbekanntes Gesetz der Interaktion: Wenn man seinen Gesprächspartner nicht einordnen kann, kann sich auch kein Austausch entwickeln (Berger, Luckmann, 1969). Der Interviewer, der Zurückhaltung übt, hindert somit den Informanten daran, sich richtig auf das Interview einzulassen. Nur in dem Maße, in dem er sich selbst einbringt, wird sich auch der andere einbringen und sein tiefstes Wissen nach außen tragen. Hierfür bedarf es des genauen Gegenteils von Neutralität und Distanz, nämlich einer zwar diskreten, aber starken persönlichen Präsenz. Der Interviewer verschafft sich zwar Zugang zur Weltsicht seines Informanten, wird aber nicht zu dessen Doppelgänger. Die Übernahme der Denkschemata seines Informanten verändert ihn zwar, er muß aber dennoch er selbst bleiben. Um noch einmal zu unserem Beispiel zurückzukehren: Ist er normalerweise anti-rassistisch eingestellt, so wird er nun ein wenig rassistisch, wehrt sich aber gegen jeden Exzeß oder gegen gewaltsame Intoleranz. Dabei behält er durchaus seine Gewohnheiten, Sprachticks und Lieblingsemotionen bei, paßt sie aber vorübergehend einem gemäßigten Rassismus an. Denn um sich einzubringen, muß er selbst Gedanken und Gefühle zum Ausdruck bringen (natürlich ohne sie all zu sehr auszuführen, schließlich ist nicht er es, der hier im Vordergrund steht); wenn er nichts sagt, wird der andere keine Anhaltspunkte finden und auch nicht weitermachen. Es ist also möglich bzw. sogar ratsam, sich nicht darauf zu beschränken, Fragen zu stellen, sondern auch zu lachen, herauszuprusten, Komplimente zu machen, kurz: seine eigene Meinung darzutun, einen Aspekt der Hypothesen zu erklären oder unmittelbar das zu analysieren, was der Informant gerade gesagt hat, es sogar zu kritisieren und deutlich zu machen, daß man damit nicht einverstanden ist. Empathie reimt sich auf Sympathie, und der Interviewer muß vor allem freundlich, positiv und offen für alles sein, was sein Gegenüber sagt. Ausgehend von dieser Grundhaltung wird es dann auch möglich und interessant, sich in bezug auf bestimmte, begrenzte Aspekte nicht einverstanden zu erklären, wodurch der Interviewer authentischer sein kann und die Diskussion belebt wird.

Der für den Informanten ideale Interviewer ist eine erstaunliche Persönlichkeit. Er muß ein Fremder sein, ein Unbekannter, dem man alles sagen kann, weil man ihn nie wiedersehen wird und er nicht zum eigenen Beziehungsnetz gehört. Gleichzeitig muß er einem während des Interviews so nahe kommen wie eine Vertrauensperson, jemand, den man sehr gut kennt oder zu kennen glaubt, dem man alles sagen kann, weil er zu einem engen Freund geworden ist. Zu den tiefsten Eingeständnissen kommt bei einer erfolgreichen Kombination dieser beiden gegensätzlichen Erwartungen. Die Grundlage dafür ist Anonymität, die mit der gleichen Verläßlichkeit garantiert werden muß wie der Arzt für das medizinische Geheimnis garantiert. Deshalb lehne ich es beispielsweise ab, nach der Befragung noch einmal zu einem Informanten zurückzukehren, mit ihm die Ergebnisse zu diskutieren etc., auch wenn dies zweifellos sehr spannend wäre. Nach Beendigung des Interviews muß sich der Informant vollkommen frei fühlen. Und während des Interviews erwartet er vom Interviewer, daß dieser aus seinem Elfenbeinturm steigt, seine distanzierte Rolle des reinen Fragestellers aufgibt und sich als Mensch zeigt, der Meinungen und Gefühle hat. Schüchtern, aber regelmäßig unternehmen die befragten Personen Versuche in diese Richtung. Nachdem sie eine Meinung geäußert haben, fragen sie beispielsweise: »Glauben Sie nicht?« Der durch diese direkte Anrede in seiner Ruhe gestörte Interviewer murmelt dann häufig eine leise und unverständliche Zustimmung – seine Botschaft ist für den anderen unmißverständlich: Derjenige, der ihn befragt, ist entweder nicht derselben Meinung, oder er weigert sich zu sagen, was er denkt. Bleiben mehrere solcher Versuche unfruchtbar, flüchtet sich der Informant in oberflächliche Antworten.

3.5. Ein Spiel zwischen drei Polen

Empathie ist ein Werkzeug, das einem die Welt des Informanten zugänglich macht. Letztlich ist dieser Zugang aber nicht das eigentliche Ziel, sondern auch nur ein Werkzeug, um an gesellschaftliche Mechanismen heranzukommen, die ihrerseits als Werkzeuge betrachtet werden können, um neue theoretische Konzepte zu entwickeln. Das Interview ist somit das genaue Gegenteil einer Technik zum reinen Sammeln von Daten. Es stellt vielmehr ein intensives Bemühen um das Überschreiten von Schwellen dar, eine so schwierige Arbeit, daß man wohl sagen kann, daß das Ideal niemals zu erreichen ist (zum Glück kann man auch mit unvollkommenem Material eine gute Forschungsarbeit machen). Schwierig ist diese Arbeit sowohl für den Interviewer als auch für den Informanten, die zusammen ein richtiges Team bilden. Paul Rabinow (1988) berichtet, wie langsam die Bildung eines solchen Teams für den Ethnologen vonstatten geht und wie sehr dabei auch der Zufall im Spiel ist. Er probiert verschiedene Informanten aus, aber der »dialektische Prozeß der empirischen Arbeit« (S. 47) wird niemals von der ersten Sekunde an ausgelöst. Zunächst muß der Interviewer bei seinem Informanten ein Bewußtsein für eine Frage wecken, über die er bisher noch gar nicht nachgedacht hat, weil diese Sache für ihn selbstverständlich war. Dann bedarf es einer gewissen Zeit, bis er sich eine Meinung bildet. Und schließlich muß er diese Meinung in Worte fassen, die den Erwartungen des Interviewers entsprechen. Beim verstehenden Interview sind diese Zwänge dieselben, wobei noch die Tatsache hinzukommt, daß der »dialektische Prozeß« so schnell wie möglich in Gang gebracht werden muß. Er beginnt mit Empathie und beidseitigem Sicheinbringen der Personen. Aber da ist noch ein dritter wichtiger Pol, ohne den das Interview keinen Sinn macht: der Gegenstand der Forschung. Der Informant verfügt hinsichtlich dieses Gegenstands nur über Teilinformationen und aus seiner Perspektive besteht der Forschungsgegenstand, also dieser dritte Pol und Grundstoff des Interviews, aus seinem eigenen Leben, das er auf eine Weise betrachtet, wie er es nie zuvor betrachtet hat. Für den Interviewer hingegen schreibt sich dieser Grundstoff in ein größeres Ganzes ein: die Fragestellung der Forschungsarbeit. Doch obwohl sich die beiden Partner über die Definition des dritten Pols also nicht ganz einig sind, gehen sie so damit um, als wären sie sich einig, denn nur so kommen sie gemeinsam voran. Dieses Spiel zwischen drei Polen erfordert ein ständiges Sichbemühen. Nur so führt es zu Ergebnissen. Es stellt den Informanten in eine »außergewöhnliche Position«, die ihn aus seinem gewöhnlichen Sein und Denken herausholt und dazu zwingt, eine »wahrhaft theoretische« Arbeit zu vollbringen (Bourdieu 1988, S. 12). Eine theoretische Arbeit an seinem eigenen Leben.

3.6. Taktik

Zu diesem für das Interview zentralen Prozeß kommt es nur, wenn der Interviewer über ein Arsenal von Strategien verfügt, die bewirken, das die Dinge zur Sprache gebracht werden. Um jemanden zum Reden zu bringen, ist jedes Mittel recht: Charme, Verführung, Humor (Douglas, 1976). Humor ist eine besonders wirkungsvolle Technik: ein fröhlicher, lächelnder Interviewer erzielt ungleich bessere Ergebnisse als ein mürrischer und verschlossener. Diese Technik sollte jedoch mit Vorsicht gehandhabt werden, denn zuweilen versuchen Informanten, das Interview ins Lächerliche zu ziehen, um den Fragen auszuweichen.

Doch nicht nur im Hinblick auf die Art und Weise, sich zu verhalten und zu sprechen, sondern auch bei der Gestaltung der Interviewsituation können gewisse Strategien angewandt werden. In *Frauenkörper – Männerblicke* bezog sich eine der schwierigsten Fragen auf das sexuelle Interesse, das im männlichen Blick auf nackte Busen liegen könnte. Die Antworten zeugten von einer unübersehbaren Verschleierungstendenz, insbesondere dann, wenn es sich um Interviews mit Paaren handelte. Doch dadurch, daß wir gezielt spezifische Interviewsituationen herbeigeführt haben, waren wir in der Lage, dieses zweifelhafte Material zu kontrollieren. So tauchte beispielsweise einer unserer Interviewer ganz in die Gruppendynamik einer Clique von jungen Männern ein und identifizierte sich ganz mit ihnen, um ein günstiges Klima dafür zu erzeugen, daß sie sich in ihrer gewohnten Art und Weise äußerten. Daß eine andere Gruppe von Informanten die vulgärsten Aspekte dieses Themas zum Vorwand nehmen könnte, um eine Interviewerin anzumachen, hatten wir nicht vorausgesehen. Diese jedoch nutzte die Situation und wendete sie zu ihrem Vorteil, indem sie ihre Gesprächspartner dazu brachte, sehr weit zu gehen und in ihren Erklärungen sehr explizit zu werden, wobei sie gleichzeitig die in diesem Fall nötige Distanz wahrte. Jack Douglas (1976) vertritt die Ansicht, man solle seiner Phantasie freien Lauf lassen, um aus dem oft allzu stereotypen Rahmen einer Untersuchung auszubrechen, und originelle Kontexte provozieren, um neue Informationen ans Licht zu bringen. Man sollte keine Angst davor haben, einen – um mit Bernard Crettaz zu sprechen – »ungezügelten Rest« zum Zug kommen zu lassen, also den Wunsch danach, Grenzen zu überschreiten und Neues zu ersinnen, ohne den »alles nur Tautologie ist« (1987, S. 79).

3.7. Eine Illustration

Um das, was über das Führen von Interviews gesagt wurde, zu konkretisieren, wird im folgenden ein Ausschnitt aus einer der Befragungen zitiert, die zur Veröffentlichung von *Schmutzige Wäsche* geführt haben. Der Interviewausschnitt wurde ausgewählt, weil es darin um ein schwieriges Thema geht: die eheliche Konversation. Denn Paare neigen dazu, sich auf eine Art und Weise zu präsentieren, die kaum der Realität ihres Verhaltens entspricht, und bei Allgemeinheiten zu bleiben, die die Illusion erzeugen, die Kommunikation zwischen ihnen sei perfekt. Deshalb ist es wichtig, mit den Fragen genauer nachzuhaken und zu insistieren, um richtigere und genauere Beschreibungen zu erhalten.

In dieser Hinsicht ist der Ausschnitt interessant. Das Interview hätte mit jeder der Fragen zu Ende sein können, denn die Informantin sagte lediglich das Minimum dessen, was die Höflichkeit verlangte, und weigerte sich, sich wirklich auf das Interview einzulassen. Das Ergebnis, das schließlich doch dabei herauskam, ist allein der Kunst der Interviewerin zu verdanken, immer wieder die richtige Frage zu finden, indem sie entweder noch einmal nachhakte oder mit stärkeren Mitteln (Einsatz des Lachens) die Dynamik des Gesprächs vorantrieb. Dabei gelang es ihr, immer direkt das Satzfragment herauszufiltern und zu verwenden, das es ihr erlaubte weiterzumachen (»Ich weiß schon, daß es mir manchmal herausrutscht«). Auf die Aufforderung ihrer Informantin hin war sie schließlich sogar bereit, sich selbst einzubringen.

> – Gibt es zwischen Ihnen und Ihrem Mann Gesprächsthemen, die Sie vermeiden, etwa wenn es um Dinge geht, die zwischen Ihnen nicht funktionieren?
> – Nein, wir reden über alles, zwar nicht viel, aber schon über dieses und jenes.
> – Aber haben Sie ihm zum Beispiel gesagt, daß Sie nicht glücklich darüber sind, daß er so wenig tut? (darauf hatte sie einige Augenblicke vorher hingewiesen)
> – Oh, das, das nützt überhaupt nichts, ich sag' es ihm schon, aber das nützt nichts.
> – Und was sagen Sie dann zu ihm?
> – ...
> – In welchen Momenten sagen Sie es ihm?
> – Oh, na ja, ich weiß nicht, manchmal ...
> – Ist das in ganz bestimmten Situationen?
> – Ja, wohl schon in ganz bestimmten Situationen.
> – Sie haben das im Kopf, nicht wahr, aber es ist schwierig, es zu präzisieren, genau zu sagen, wann, nicht wahr! (Lachen)
> – Ja genau, also Ihre Frage, na, na! (Lachen) Ich weiß schon, daß mir das manchmal herausrutscht, aber wie es dazu kommt, daß es mir herausrutscht...?
> – Es rutscht Ihnen heraus, weil es in diesem Moment herausrutschen muß?
> – Ja, wenn ich total genervt bin, wenn es da innen kocht. Wenn er seine Klamotten überall herumliegen läßt. Ich weiß schon, daß er da nicht der einzige ist. Viele Männer sind so, nicht wahr?

– Ja, ich höre das im Moment im Rahmen dieser Untersuchung oft.

– Genau! Und das Schlimmste ist, daß man zu ihnen sagen kann, was man will, und sie hören nur das, was sie wollen. Ich weiß genau, daß ich gegen Wände spreche, aber es tut mir trotzdem gut, und selbst wenn er nicht zuhören will, hört er es trotzdem. Es ist nicht einfach mit den Männern. Manchmal ist es einfach so, daß ich einen Haufen Dinge habe, die ich gerne mit ihm besprechen würde, aber wenn sie keine Lust haben zuzuhören, dann hören sie überhaupt nichts. Und es bringt überhaupt nichts, ihn zu drängen, danach wäre eh alles verdorben. Ich sage mir einfach: Behalte das für dich, es bringt nichts; nur ab und zu mal ein bißchen Dampf ablassen, wenn es mir herausrutscht.

III. Der Status des Materials

1. Warum die Leute reden

1.1. Die Konstruktion von Wirklichkeit

Die einzelnen Komponenten des verstehenden Interviews können von einander losgelöst in verschiedenen Kontexten verwendet werden. Dennoch bildet die Methode ein kohärentes Ganzes, das nur dann seinen ganzen Sinn und seine volle Leistungsfähigkeit entfaltet, wenn die einzelnen Bestandteile beisammen sind. So ist etwa die Theoriebildung beim personalisierten Führen von Interviews aufs engste mit dem angesprochenen Spiel zwischen den drei Polen verknüpft. Ebenso kann das verstehende Interview zwar innerhalb unterschiedlicher theoretischer Rahmen verwendet werden, manche jedoch sind passender, eher im Gleichklang mit den verwendeten Techniken, als andere. Letzteres gilt besonders für diejenigen theoretischen Strömungen, die mit dem Begriff der gesellschaftlichen Konstruktion von Wirklichkeit arbeiten und einen klaren Schnitt zwischen Objektivem und Subjektivem, Individuum und Gesellschaft ablehnen (Corcuff, 1995).

Das unpersönliche und standardisierte Interview hingegen beruht auf einer Konzeption der Wirklichkeit, bei der letztere in der Konkretheit der Tatsachen, die außerhalb des Denkens liegen, als gegeben vorausgesetzt wird. Die Repräsentation, also die Ebene, auf der das Interview anzusiedeln ist, wird dann als das (mehr oder weniger blasse oder verzerrte) Spiegelbild dieser Wirklichkeit betrachtet. Der Interviewer glaubt sich auf keiner irgendwie privilegierten Beobachtungsebene und konzentriert alle seine Bemühungen darauf, Verzerrungen zu vermeiden und die Qualität des Spiegelbilds zu verbessern.

Eine dialektische Sichtweise der Konstruktion von Wirklichkeit hingegen mündet in eine völlig andere Positionierung des Interviews. Norbert Elias (1991) vertritt den Standpunkt, daß das Individuum als eine Art Konzentrat der gesellschaftlichen

87

Welt angesehen werden kann: Es trägt, auf eine besondere Weise strukturiert, die ganze Gesellschaft seiner Epoche in sich. Dies bildet die Erkärungsgrundlage für den außerordentlich komplexen und widersprüchlichen Charakter der menschlichen Person, unseres multiplen Ichs (Douglas, 1990; Elster, 1985): Wir sind unendlich widersprüchlich, weil wir – zumindest potentiell – die ganzen Widersprüche der Gesellschaft in uns tragen. In der Konfrontation mit diesem bunt zusammengewürfelten, inkorporierten Gesellschaftlichen wird das Individuum nur dadurch es selbst, daß es sich eine Identität zusammenbastelt, das heißt, indem es an dem Faden spinnt, der seinem Leben einen Sinn verleiht. Dabei ist das Prinzip der einen und einzigen Wahrheit wesentlich für den guten Verlauf eines normalen Lebens (Boudon, 1990). Tag für Tag spinnt das Individuum an diesem Faden, es konstruiert sich selbst als eine in sich stimmige, einheitliche Person – eine Arbeit, die um so schwieriger ist, als die Einheit des Individuums unsicher und ständigen Veränderungen unterworfen ist. Repräsentation ist also nicht einfach nur ein Spiegelbild, sondern sie ist der entscheidende Moment im dialektischen Prozeß der Konstruktion von Wirklichkeit. Sie ist der Moment, in dem die Wahrnehmung des Gesellschaftlichen durch das individuelle Bewußtsein hindurchfließt, der Moment, in dem das Gesellschaftliche sortiert und amalgamiert wird, um eine bestimmte Verhaltensweise unter tausenden von möglichen auszulösen und damit darüber zu entscheiden, was konkretisiert wird und sich dadurch seinerseits wieder in das Gesellschaftliche einschreibt. Das Subjektive bildet keinen Gegensatz zum Objektiven, zum Realen, sondern stellt einen bestimmten Moment in der Konstruktion von Wirklichkeit dar, den einzigen, in dem das Individuum über eine Interventionsmöglichkeit verfügt, einen Moment, der gekennzeichnet ist von der Notwendigkeit des Auswählens und dem obsessiven Streben nach Einheit und Stimmigkeit.

1.2. Eine Laborsituation

Der Interviewer muß sich also klar machen, daß er eine privilegierte Beobachtungsposition innehat und über die Person, die zu ihm spricht, einen direkten Zugriff auf die gesellschaftliche Konstruktion von Wirklichkeit hat. Auch der Interviewte spürt (sofern sich der Forscher auch selbst einbringt und ihn dazu bewegen kann, über oberflächliche Meinungsäußerungen hinauszugehen), daß es ihm immer schwerer fällt, seine Antworten auf die leichte Schulter zu nehmen und einfach nur irgendetwas zu sagen. Denn das Interview funktioniert wie ein Echokörper einer Alltagssituation, in der Identität konstruiert wird. Man muß über sich selbst nachdenken und reden, tiefgehender, genauer und expliziter als man das für gewöhnlich tut. Dies findet noch dazu in einem etwas feierlichen Rahmen statt, man hat ein Tonbandgerät vor sich und man tut das Ganze für die Wissenschaft. Gelingt es dem Interviewer, Zugang zur Welt seines Informanten zu bekommen und einige zentrale Kategorien von dessen Selbstorganisation zu berühren, dann wird dieser immer mehr in den Bann seiner eigenen Worten gezogen. Je tiefer seine Worte schürfen, um so intensiver bemüht er sich darum, das zu ordnen, was er über sich selbst sagt, denn schließlich ist es sein Leben, sein Ich, um das es hier geht. Und je mehr Mühe er sich bei dieser Arbeit des Ordnens gibt, um so mehr wird er über sich selbst sprechen und Informationen über sich preisgeben, die ihrerseits wieder neues Ordnen erforderlich machen. Derjenige, der spricht, beschränkt sich also nicht darauf, Informationen zu liefern. Sobald er sich auf das Gespräch einläßt, beginnt er im Rahmen der Konstruktion seiner identitären Einheit mit einer Arbeit an seinem Selbst. Er tut dies direkt im Beisein des Interviewers, auf einem Schwierigkeitslevel und mit einer Präzision, die weit über das Gewöhnliche hinausgehen. Das verstehende Interview stellt eine Art Laborsituation dar.

Dabei stehen dem Informanten zwei typische Verhaltensweisen zur Verfügung. In den meisten Fällen versucht der Befragte, seine Person als einheitlich und stimmig darzustellen. In diesem

Fall konzentriert er sich ganz darauf, im Hinblick auf seine Meinungen und sein Verhalten Kohärenz unter Beweis zu stellen und ein klar konturiertes Selbstporträt zu zeichnen. Wenn der Interviewer dabei Widersprüche aufdeckt, wehrt er sich mit aller Kraft dagegen. Im Gegensatz dazu kann der Informant die Interviewsituation aber auch dazu nutzen, sich selbst hinsichtlich seiner Entscheidungen einige Fragen zu stellen und mit Hilfe des Interviewers, mit dem er dann paradoxerweise gegen seine offizielle Identität zusammenarbeitet, eine Art Selbstanalyse zu betreiben. Diese zweite Verhaltensweise findet immer in Form einer Art Einschub oder Exkurs statt, im Rahmen dessen manche Informanten jedoch bereit sind, sehr weit zu gehen. Doch dieser Exkurs kann jederzeit beendet werden, um wieder zur Verteidigung der eigenen identitären Integrität zurückzukehren. Es ist gut, wenn der Interviewer ein Gespür für diese Variationen entwickelt und sein Verhalten darauf abstimmt. Wenn also beispielsweise der Informant sehr verschlossen ist und sich nur darauf konzentriert, die Einheit und Stimmigkeit seiner Person zu verteidigen, sollte man ruhig stärker nachbohren und auf Widersprüche hinweisen. Wenn eine solche Offensive jedoch das defensive Sich-Verschließen noch verstärkt, sollte man eher diplomatisch vorgehen. Richtet der Informant bereits selbst einen analytischen Blick auf sein Leben, sollte man ihm zur Seite stehen und ihm diskret dabei helfen, diesen Weg weiterzugehen.

1.3. Die Normalisierung des Außergewöhnlichen

Methodenbücher, die das standardisierte Interview behandeln, fordern den Interviewer in der Regel dazu auf, seine Interventionen neutral zu halten und seine Präsenz auszuradieren, um so möglichst wenig Einfluß auf den Interviewten zu nehmen. Auf diese Weise wird versucht, sich der Normalität eines gewöhnlichen Gesprächs anzunähern, das als besonders authentisch gilt. Die Analysen und Ratschläge, die hierfür geliefert

werden, sind so detailliert und ausgetüftelt, daß sie unweiger-
lich zu einem Paradox führen: Die Interviewsituation wird
überbewertet, zum Fetisch gemacht (Simonot, 1979) und in einem solchen Maße inszeniert, daß sie zu einer völlig un-norma-
len Situation mit komplexen, ja mysteriösen Mechanismen
wird. Der Normalisierungswunsch bringt das Exzeptionelle an
der Situation erst hervor.

Beim verstehenden Interview ist dieses Schema genau umge-
dreht. Die Besonderheit der Situation wird akzeptiert, und erst
daraus ergibt sich der Wunsch, sie zu normalisieren. Wie Paul
Rabinow (1988) zeigt, erhält der Interviewer gerade dann die
wertvollsten Daten, wenn er den Informanten aus seinem gewöhnlichen Rahmen herausführt und in eine reflexive Haltung
gegenüber sich selbst und dem Gegenstand lenkt. Genau so
verhält es sich auch beim verstehenden Interview. Gerade indem der laborartige Charakter der Situation betont wird, kann
man sich den tiefsten Wahrheitsschichten nähern. Man sollte
das Interview deshalb nicht als banale, gewöhnliche Situation
konstruieren, sondern im Gegenteil seinen exzeptionellen
Aspekt betonen. Doch genauso, wie Monsieur Jourdain Prosa
schrieb, ohne es zu wissen, ist es auch unnötig oder gar schäd-
lich, wenn der Interviewer oder mehr noch der Informant sich
dieser Exzeptionalität bewußt sind. Was den Informanten angeht, besteht das Ziel darin, daß ihm die Situation völlig selbstverständlich erscheint, daß er sich einfach nur treiben läßt. Er
braucht das Mysterium seines Sich-Einlassens nicht zu verstehen. Auch für den Interviewer ist es angesichts des auf ihm la-
stenden Drucks und der vielfältigen Anforderungen, die auf
ihn einstürmen (sich Strategien ausdenken, damit sich der Interviewpartner stärker einläßt, über das nachdenken, was eben
gesagt wurde, die Äußerungen zum Thema zurückbringen, die
richtige Folgefrage finden etc.), wichtig, daß er die Situation als
einfach, locker und entspannt wahrnimmt. Auch wenn das verstehende Interview einen Rahmen bildet, der klar jenseits des
Alltäglichen liegt, muß er ihn als Interviewer doch banalisieren,
solange er sich als Akteur darin bewegt.

1.4. Die Musterschüler-Rolle

Es ist frappierend zu sehen, wie häufig Informanten in die Rolle des guten Schülers schlüpfen, wie sehr sie sich das Interview zu Herzen nehmen und wie bestrebt sie sind, auf jede Frage eine passende Antwort zu haben. Dies hat aber durchaus auch einen kleinen negativen Aspekt. Die Sprache, in der sie sprechen, entspricht schulischen Normen, wodurch sie das, was sie an syntaktischer Qualität gewinnt, an Natürlichkeit verliert. Das ist übrigens der Grund, weshalb Humor und eine entspannte Atmosphäre so nützliche Waffen sind. Sie erlauben es, die Ernsthaftigkeit zu durchbrechen und dennoch weiterhin ernsthaft zu arbeiten. Doch im Grunde ist dieser Negativaspekt zweitrangig. Wichtiger ist: Wenn die Informanten in die Rolle des guten Schülers schlüpfen, entwickeln sie einen Arbeitswillen, der der Befragung höchst förderlich ist.

Woher kommt dieses Verhalten? Zunächst liegt es daran, daß Interviews und andere Umfragen inzwischen bekannt und anerkannt sind. Zweitens, und das ist wesentlich entscheidender, haben die Interviewten in hohem Maße das Gefühl, aufgrund ihrer Antworten beurteilt zu werden (Mauger, 1991). Dies ist übrigens auch ein weiteres Element, das sie davon abhält, zu schummeln, denn wenn man schummelt, ist es schwierig, eine solide Argumentation zu entwickeln. Und drittens: nachdem die Informanten das Interview mit großem Ernst – aber auch nicht mehr – begonnen haben, geraten sie, wenn es dann stärker in die Tiefe geht, sehr schnell in den Bann dessen, was hier auf dem Spiel steht. Dann geht es nämlich nicht mehr nur um die Beurteilung der Qualität ihrer Antworten, vielmehr stehen das eigene Leben und seine Kohärenz auf dem Prüfstand.

1.5. Die Lust zu reden

Angesichts von Türen, die sich vor einem wieder schließen, und trockenen Antworten, die oft den Anfang eines Interviews markieren, sind die ersten Kontaktaufnahmen und Intervieweinstiege oft nicht einfach. Glücklicherweise muß der Interviewer, ist der Einstieg erst einmal geschafft, dann oft keine Mühe mehr darauf verwenden, den Informanten zum Reden zu bringen – er hat ganz von selbst Lust dazu. Er ist in seine Biographie eingetaucht, unternimmt eine Reise, auf der ihn der Interviewer begleitet, und er hat Geschmack am Reisen gefunden. Er spricht über sich selbst, und es hört ihm jemand zu; er entwickelt seine Argumentation und seine Meinungen sind von Bedeutung. Er spricht über sich selbst und bestätigt sich dadurch selbst, daß er über eine starke, stabile und interessante Identität verfügt. Er spricht über sich selbst und mit Hilfe des Interviewers stellt er sich selbst neue Fragen, die sein eigenes Leben betreffen. Natürlich ist diese Reise nicht immer einfach. Die Arbeit des »Zur-Sprache-Bringens« ist »gewinnbringend und schmerzhaft zugleich« (Bourdieu et al., 1997, S. 791 f.). Doch in der Möglichkeit, mit so viel Tiefgang und Intensität über sich selbst zu reden, liegt eine »Wohltat des Sich-Aussprechens« (ebd.), die Wohltat, etwas zu sagen zu haben, etwas sagen zu können und es gut zu sagen, die einen immer mehr sagen läßt. Auf diese Weise können der Interviewer und die Interviewsituation trotz ihres durchaus nicht alltäglichen Charakters hinter der Redelust in Vergessenheit geraten. Man spricht zu einer Art anonymen Welt über sich selbst, gleichzeitig aber auch zu sich selbst.

2. Wahrheit und Lüge

2.1. Ein verzerrtes Spiegelbild des Realen?

Erkenntnis vollzieht sich normalerweise auf der Grundlage ununterbrochener Interpretationsarbeit. Dabei spielt weniger die Verzerrung der Wirklichkeit als vielmehr die Konstruktion von Kategorien des Verstehens eine Rolle (Boudon, 1990). Der gewöhnliche Mensch verzerrt nicht, sondern er gibt der Wahrheit (seiner Wahrheit) eine Form, um Sinn zu produzieren. Je nach Art der Fragen, die in einem Interview gestellt werden, kann diese personalisierte Sinnkonstruktion durchaus sehr ausgeprägte Formen annehmen. Doch statt dies einfach als eine Verzerrung zu werten (und deshalb das gesammelte Material für nicht verwertbar zu erklären), sollte man lieber die jeweilige Logik der Sinnproduktion zu verstehen versuchen (und sich so das Material wieder aneignen). In *Frauenkörper – Männerblicke* führte eine scheinbar sehr einfache Frage zu ausgesprochen konfusen Antworten: War die Praxis des Oben-Ohne rückläufig oder nahm sie noch zu? Es handelte sich also um eine deskriptive Frage, die theoretisch auf der banalen Beobachtung von Fakten beruhte. Bei einer ersten Bilanz der Ergebnisse bekam man den Eindruck, daß die Leute am Strand diesbezüglich wirklich schlechte Beobachter waren: Es antworteten genauso viele in die eine wie in die andere Richtung. Erstaunlich war darüber hinaus, daß viele dieser Meinungsäußerungen in einem sehr überzeugten Ton formuliert waren; viele schienen sich ihrer Sache sehr sicher. In einem Fall beschrieben sogar zwei Frauen, die nur wenige hundert Meter voneinander entfernt lagen, die Entwicklung an ihrem Strand vollkommen gegenteilig und zogen dabei noch das, was sie von ihrem Sitzplatz aus vor Augen hatten, als Beispiel heran (vom objektiven Standpunkt aus also mehr oder weniger dasselbe Beispiel). Die eine, die kein Bikinioberteil anhatte und Oben-Ohne befürwortete, vertrat die Ansicht, diese Praxis nehme noch zu; die andere, die etwas mehr anhatte, lehnte Oben-Ohne ab und war der Meinung, es gehe zurück. Ihre Position war also entscheidend für ihre jeweilige Wahrnehmung. Es stellte sich heraus, daß dieser Analyseschlüssel auch auf die gesamte Stichprobe übertragen aussagekräftig war. Die Einschätzungen der Entwicklung dieser Praxis korrelierten stark mit den jeweiligen Ansichten über Oben-Ohne. Je wohlwollender die Meinung war, um so stärker wurde die Praxis als im Zunehmen begriffen angesehen. Je kritischer die Einstellung zum Oben-Ohne war, desto eher wurden Anzeichen dafür ausgemacht, daß es rückläufig war. Ausgehend von dieser Feststellung war es dann möglich, das Raster der »Verzerrungen« weiter zu verfeinern. So vertraten Frauen, die Oben-Ohne früher gut fanden und vor nicht allzu langer Zeit aus Altersgründen damit aufgehört hatten, besonders häufig die Ansicht, es werde immer weniger praktiziert. Die Umkehrung in ihrer Wahrnehmung spielte dabei die Rolle einer Rechtfertigung für ihre Entscheidung und verschleierte den Aspekt, der mit ihrem Alter zusammenhing. Da in der Untersuchung eine genaue Diagnose hinsichtlich der Entwicklung des Oben-Ohne nur sekundär war, wurde dieser Lektüreschlüssel nicht weiter verfeinert. Es wäre jedoch möglich gewesen, so lange damit fortzufahren, bis man auf der Grundlage des Verständnisses der Verzerrungen zu einer Beschreibung der objektiven Fakten in der Lage gewesen wäre.

Findet der Forscher solche Lektüreschlüssel und gewinnt Zugang zu den Logiken der Sinnproduktion, kann er zwei Arten von Erkenntnis daraus ziehen. Er kann sich entweder für die objektiven Fakten interessieren, um die es in den Äußerungen geht, oder für die Produktionsbedingungen von Wahrheit. Hätte im angeführten Beispiel jemand wirklich wissen wollen, wie sich die Praxis des Oben-Ohne derzeit entwickelt, hätten die entsprechenden Lektüreschlüssel durchaus eine Antwort ermöglicht (eine besser auf diese Fragestellung abgestimmte Methode wäre hier jedoch rentabler gewesen). Will man hingegen wissen, wie das Gesellschaftliche amalgamiert wird, um individuelle Identitäten zu produzieren, dann muß man versuchen, die Bedingungen der Sinnproduktion zu verstehen – was übrigens ein sehr aufregendes Unternehmen ist.

Im Fall von Wahrnehmungen, die sich direkt auf bestimmte Praktiken beziehen, kommt es in der Regel zu keinem sehr großen Auseinanderklaffen. »Verzerrungen« sind hier wenig hilfreich, sondern eher das Modellieren und Vereinfachen des Realen, wodurch ein klarer Rahmen abgesteckt wird, der Handeln erleichtert. Möglicherweise ist das Modell, das dann dabei herauskommt, mindestens genauso interessant wie die konkreten Praktiken, selbst wenn es letztere sind, die man eigentlich untersuchen will. Denn das Modell lenkt nicht nur das Handeln der Akteure, sondern ist auch der Schlüssel für dessen Verstehen. Auf die Frage: »Wie schauen Männer auf nackte Busen?« antworteten die befragten Personen oft mit einer Geste: einer ziemlich langsamen und gleichmäßigen Drehbewegung des Kopfes (manchmal vom Arm unterstützt). Unsere eigene Beobachtung machte sehr schnell deutlich, daß die Männer keineswegs auf diese Weise schauen, sondern daß sich ihr Blick eher im Zickzack bewegt, schnell die Richtung ändert und unbestimmt wird, sobald er sich auf irgendeinem nicht sonderlich interessanten Punkt in der Landschaft niederläßt. Die Analyse hat gezeigt, daß dieser Blick, wenn er auf nackte Busen gleitet, sehr kontrolliert und höchst ausgefeilt ist: Er muß sehen, ohne (hin-)zusehen, wirklich etwas sehen, aber gleichzeitig unbestimmt bleiben und vor allem darüber hinweggleiten und ja nicht hängenbleiben (außer in ganz bestimmten Kontexten). Somit enthält die Drehbewegung ein Fünkchen Wahrheit. Sie zeigt auf einfache Weise ein Verhaltensmodell auf, nämlich die Notwendigkeit eines darüberhinweggleitenden Blickes. Und gleichzeitig verweist das den Forscher auf den tieferen Sinn dieser Geste.

2.2. Einflußfaktoren in der Interviewsituation

Jede Position führt zu einer ganz bestimmten Meinung. Das Interview bildet hier keine Ausnahme, sondern produziert als besondere Situation auch besondere Einflüsse auf die Meinung. So kann beispielsweise die Seriosität einer Untersuchung den Interviewten dazu anhalten, besonders seriöse Antworten zu geben, die mit dem, was von einer seriösen Person erwartet wird, in Einklang stehen. Oder die Indiskretion eines Themas kann jemanden dazu verleiten, Dinge zu verheimlichen oder zu lügen, um seine kleinen Geheimnisse zu bewahren. Jede Frage wird, auch wenn sie sich noch so technisch oder neutral gibt, sobald sie gestellt wird, in irgendeiner Weise selbst zu einem Einflußfaktor. Wenn wir gefragt haben: »Sollten Frauen ab einem gewissen Alter nicht lieber darauf verzichten, sich oben ohne zu zeigen?«, haben fast alle Befragten positiv geantwortet. Auf die Frage: »Sollte es eine Altersgrenze dafür geben, sein Bikinioberteil auszuziehen?«, haben fast alle negativ geantwortet. Solche Unterschiede in Abhängigkeit davon, wie die Frage gestellt wird, können einen Interviewer zur Verzweiflung treiben, so daß er es schließlich nicht mehr wagt, auch nur das kleinste Wörtchen auszusprechen, um nur ja keinen Einfluß auf sein Gegenüber auszuüben. Doch selbst, wenn er nichts sagt, wird auch sein Schweigen von seinem Gesprächspartner interpretiert werden und ihn dazu bringen, in eine bestimmte Richtung zu antworten. Es ist unmöglich, alle Einflüsse auszuschalten; sie können allenfalls begrenzt werden, was aber den Nebeneffekt hat, daß dann nur ein relativ dürftiges Material herauskommt (Schwartz, 1993). Viel besser ist es, das Spiel aktiv mitzuspielen, was im Rahmen des verstehenden Interviews auch möglich ist.

Das Spiel aktiv mitzuspielen bedeutet nicht, sich alle möglichen Freiheiten zu nehmen und zuzulassen, daß derartige Einflüsse ohne jede Kontrolle ihren Lauf nehmen. Vielmehr hat der Interviewer seinem Informanten immer den Vorrang einzuräumen – ein zentrales Prinzip, das weitgehend verhindert, daß Antworten auf die eine oder andere Weise eingeflüstert oder untergeschoben werden. Im Laufe des Gesprächs kann es zwar zu Situationen kommen, in denen es aus taktischen Gründen nützlich ist, wenn der Interviewer aktiver interveniert oder gar seine eigene Meinung äußert. Eine solche Form der Intervention sollte jedoch von kurzer Dauer sein. Das Ziel dabei ist, den Befragten durch einen Stilwechsel zum Reden zu bringen, keinesfalls aber, ihm regelmäßig Antworten in den Mund zu legen. Läßt der Interviewer in die Formulierung seiner Fragen bereits mögliche Antworten einfließen, erhält er ein verfälschtes und dürftiges Material, weil der Informant sich dann nicht mehr persönlich einbringen kann.

Solange er dieses Grundprinzip respektiert, sollte der Interviewer vor allem darauf achten, daß er unbefangen auftritt, Dynamik in das Interview bringt und sich aller möglichen Strategien und Stile bedient, um zu erreichen, daß sich der andere immer stärker auf das Interview einläßt. Dabei sollte er sich während des Interviews nicht ständig Gedanken über das Problem der Einflußnahme durch seine Äußerungen machen, denn zunächst zählt vor allem, daß sich der Informant auf das Gespräch einläßt. Die Analyse der Einflußfaktoren wird dann jedoch bei der Auswertung des Materials ganz oben auf der Liste stehen. Wenn die Arbeit gut gemacht ist, werden die Einflüsse gar kein Problem darstellen, sondern können im Gegenteil dem Forscher zusätzliche Interpretationsspielräume liefern. Mit »List und Gewieftheit« kann er das Hindernis in ein Hilfsmittel verwandeln (Schwartz, 1993, S. 276). Dies gilt um so mehr, als die Einflüsse in der Interviewsituation häufig eng mit den Positionseffekten auf Meinungen in gewöhnlichen Situationen und darüber hinaus mit den in der Untersuchung analysierten Prozessen verzahnt sind. Das Interview verlagert die »Verzerrungen« und bringt Vergrößerungseffekte hervor, mithilfe derer sie besser analysiert werden können. Dies gilt vor allem dann, wenn man mithilfe der Variation von Fragen und Stilen widersprüchliche Einflüsse einander gegenüberstellt. Nehmen wir noch einmal unser Beispiel mit den beiden Fragen. Ihre unterschiedliche Formulierung hat zwei gegensätzliche Antworten

98

hervorgebracht, aber es handelt sich hier keineswegs um ein rein technisches Problem. Wie unsere Analyse Stück für Stück ergeben hat, erklärt sich diese Variation vielmehr durch den strukturell widersprüchlichen Charakter der Meinung zu diesem Thema. Die Strandnutzer haben eine doppelbödige Sprache, die genauestens kodifiziert ist. Auf der bewußtesten Ebene, also derjenigen, auf der allgemeine Prinzipien zum Ausdruck gebracht werden, sprechen sich die Befragtem dafür aus, daß jede Person über die Freiheit verfügen sollte, ihr Leben so zu führen, wie sie es für richtig hält. Die Vorstellung von Verboten oder Grenzen (die Verwendung dieses Begriffes in einer Frage hat die Antworten sehr stark gelenkt) ruft einhellige Ablehnung hervor. Doch auf einer impliziten Ebene und im Widerspruch zu den freiheitlichen Prinzipien an der Oberfläche werden sehr genaue Regeln definiert, die auf ästhetischen Kriterien beruhen, für die vor allem das Alter entscheidend ist. Wer sich nicht an diese Regeln hält, wird disqualifiziert. Wenn man also danach fragt, was die Frauen lieber nicht tun sollten, erhält man logischerweise eine ganze andere Antwort, weil hier die zweite Ebene der doppelbödigen Sprache angesprochen wird. Dank solcher Variationen, die man in der Untersuchung bewußt zuspitzen und dadurch laborartig beobachtbar machen kann, werden unterschwellige Mechanismen erkennbar, die Meinungen und Verhaltensweisen determinieren. Sobald man also die Spielregeln versteht, nach denen die Einflüsse in der Interviewsituation funktionieren, werden letztere zu wertvollen Verbündeten.

2.3. Lebens-Märchen

Informanten sagen nicht immer die Wahrheit. In jeder Forschung gibt es ganz bestimmte Punkte, wo verschleiert und gelogen wird, und man muß versuchen, diese herauszufiltern und mithilfe ganz besonderer Hilfsmittel zu analysieren. In *Frauenkörper – Männerblicke* war die sexuelle Komponente im Blick der Männer auf nackte Busen ein solcher Punkt. Kommt man in solchen Fällen nicht weiter, dann sollten die unsicheren Bereiche klar eingegrenzt werden, wobei man mit Verallgemeinerungen vorsichtig sein sollte. Falsch wäre es, alles Nicht-Gesagte und Falsch-Gesagte der Interviewsituation zuzuschreiben. Die Befragten lügen hier auch nicht mehr als in gewöhnlichen Gesprächen, zweifellos sogar viel weniger, sobald sie sich wirklich auf das Interview einlassen.

Außerdem hat man es nicht immer mit einer Lüge zu tun, wenn das Gesagte und die objektiven Tatsachen auseinanderklaffen. Manchmal erzählen uns die Menschen Geschichten, die weit von der Wirklichkeit entfernt sind, nicht weil sie den Interviewer anlügen, sondern weil sie sich selbst eine Geschichte erzählen, an die sie aufrichtig glauben und die sie auch nicht nur dem Interviewer erzählen. Es ist die Geschichte, die ihrem Leben einen Sinn verleiht. Es ist ein notwendiges Märchen, das um so schwerer zu dekonstruieren ist, als es mit Aufrichtigkeit gelebt wird und den Rahmen für ihr Handeln bildet. Doch der Forscher sollte sich nicht täuschen lassen; er muß den Geschichten mißtrauen, die man ihm erzählt und die – wie richtige Märchen – oft zu schön sind, um wahr zu sein.

In der Vorbereitungsstudie zu *Schmutzige Wäsche* haben mir Anne-Sophie und Olivier ihr Lebens-Märchen erzählt. Es war eine schöne Geschichte. Sie waren ein modernes Paar und darauf bedacht, ihr Leben auf der Grundlage reiflich überlegter Entscheidungen zu gestalten. Nach der Geburt der Kinder hatten sie entschieden, Anne-Sophie solle zum Wohle der Kinder zu Hause bleiben. Da war kein Zögern und kein Zaudern gewesen, denn es handelte sich um eine Entscheidung, die ihren Überzeugungen entsprach. Deshalb änderte diese Entscheidung auch nichts daran, daß sie ein modernes Paar waren, das auch diese andere Überzeugung hatte, nämlich daß die Frau sich emanzipieren und die Bedingungen für ihre Autonomie schaffen muß. Die Aussagen von Anne-Sophie und Olivier sowie einiger anderer brachten unsere Forschung wesentlich voran und trugen dazu bei, daß verschiedene Mechanismen herausgearbeitet werden konnten. Einer davon (die Folgen der Kluft zwischen den ererbten Gewohnheiten des einen und des anderen) ließ sich voll und ganz auf die Geschichte Anne-Sophies und Oliviers anwenden. Es handelt sich um ein einfaches Prinzip: Wir können Verhaltensweisen, die wir verinnerlichen, zunächst in einer deaktivierten Form abspeichern, in dafür günstigen Kontexten werden sie dann jedoch wieder zum Leben erweckt. So reaktiviert beispielsweise die Paarbildung und dessen schrittweise Organisation eine ganze Geschichte häuslicher Ordnung, die jeder in sich trägt, ohne es zu wissen. Die von den beiden Partnern jeweils ererbten Gewohnheiten sind unterschiedlich, und die Kluft zwischen ihnen ist entscheidend dafür, in welche Rollen sie – unabhängig davon, welche Überzeugungen sie theoretisch haben – gedrängt werden. Die Kluft zwischen Anne-Sophie und Olivier war beträchtlich. Als sie schrittweise ihre häuslichen Angelegenheiten regelten, offenbarte Anne-Sophie ihre enormen Ansprüche an Ordnung und Sauberkeit. Olivier konnte und wollte nicht Schritt halten (beispielsweise weigerte er sich, die Kinder umzuziehen, nur weil ihre Kleider einen Fleck hatten, oder die Bügelwäsche in Plastiksäcken zu verstauen, damit sie nicht verstaubte). Als sich mit der Geburt des dritten Kindes die Hausarbeit weiter intensivierte und das Prinzip der Aufgabenteilung aufgegeben wurde, war Anne-Sophie gezwungen, ihre Berufstätigkeit an den Nagel zu hängen. Dies ist im Fall dieser beiden ganz eindeutig keine gewählte Entscheidung; sie widerspricht ihrer Ethik und ihren Wünschen. Indem sie ihr Märchen erfunden haben, vor allem aber indem es ihnen gelungen ist, daran zu glauben, haben sie die Bedingungen dafür geschaffen, daß ihre Entscheidungen wieder mit ihren Überzeugungen konform gehen, was Voraussetzung dafür ist, den Alltag positiv zu erleben. Und je größer die Gefahr aufkommender Zweifel, desto wichtiger der Glaube an die Geschichte. Das ist wohl auch der Grund, weshalb Anne-Sophie und Olivier ihre Geschichte im Interview in einer solchen Lautstärke erzählten: Sie hatten Angst, den Glauben daran zu verlieren.

Der Forscher muß den Geschichten, die man ihm erzählt, aufmerksam zuhören, denn er wird in ihnen zahlreiche Hinweise finden. Er darf sich nicht einschläfern lassen oder naiv daran glauben, sondern muß im Gegenteil pausenlos nach Ungereimtheiten und Lücken stöbern, um das ans Licht zu bringen, was diese Geschichten verbergen.

2.4. Wahrheits-Effekte

Gérard Mauger (1991) zieht gegen die Illusion ins Feld, Meinungen, die in alltäglichen Situationen geäußert werden, seien wahrer und authentischer als diejenigen, die in einem Interview eingefangen werden. Natürlich bringt das Interview eine neue Art von Einfluß- und Verzerrungsfaktoren mit sich, aber diese addieren sich nicht hinzu, sondern treten an die Stelle der anderen. Wenn ein Angestellter mit seinem Chef spricht, ist er keineswegs in höherem Maße er selbst als in der Interviewsituation, sondern er ist einfach anders, gezeichnet von seiner Rolle als Angestellter, und seine Äußerungen gehen mit dieser Rolle konform. In seiner ersten Phase ist das Interview eine Rolle wie jede andere, die die Person unter einem bestimmten Aspekt in Szene setzt. Aber in dem Maße, in dem der Informant über dieses Stadium hinausgeht und sich persönlich einbringt, macht er sich von eben diesen Kontexten frei, in denen seine Identität immer nur unter einem bestimmten Aspekt zu Tage tritt. Dann redet er zutiefst von sich selbst. Das verstehende Interview produziert Wahrheits-Effekte.

Diese sind selbstverständlich von Person zu Person unterschiedlich stark. Da gibt es solche, die sind gerissen und machen kaum den Mund auf, und andere, die steigen voll und ganz in das Spiel ein. Wenn Informanten am Bekennen und an der Selbstanalyse Gefallen finden, sind die Wahrheits-Effekte manchmal so offensichtlich, daß sie keines Beweises mehr bedürfen. Aber auch die Hartnäckigsten zieht der Ablauf des Interviews schließlich in seinen Bann. Denn die Pflicht, ihrer

Identität Kohärenz zu verleihen, und ihre Neigung, in die Rolle des guten Schülers zu schlüpfen, bewegen sie schließlich dazu, sich zu erklären. Und Antworten, die nur gegeben werden, um einen guten Eindruck von sich zu vermitteln, produzieren im weiteren Verlauf des Interviews einen starken Druck – ein Faktor, der oft vergessen wird. Im Gegensatz zum Fragebogen, dem man einen höheren Objektivitätsgrad zuschreibt, wird das Interview häufig der Seite der subjektiven Ausdrucksformen zugerechnet. Betrachtet man jedoch das Material, das jeweils gesammelt wird, ist dieser Gegensatz alles andere als selbstverständlich. Denn während es die Diskontinuität der Fragen im Fragebogen erlaubt, mit den Antworten ein wenig zu schummeln, zwingt einen das Tiefeninterview zu größerer Aufrichtigkeit (Battagliola, Bertaux-Wiame, Ferrand, Imbert, 1993), weil die Antworten kohärent ausfallen müssen (ein Faktor, der übrigens auch bei gut konstruierten Fragebogen eine Rolle spielt; de Singly, 1992).

2.5. Indirekte Erklärungen

Im Laufe des Interviews geraten die Informanten in den Sog einer Dynamik, die sie dazu bringt, sich aufrichtig einzubringen, was jedoch nicht unbedingt bedeutet, daß sie die ganze Wahrheit sagen. Sie sagen ein wenig mehr Wahres als in alltäglichen Situationen, aber viele Bereiche bleiben dennoch geheim. Die Befragten befinden sich in einem Spannungsfeld zwischen zwei gegensätzlichen Antriebskräften: sich immer mehr auf das Interview einlassen, sich gehen lassen und das Spiel mitspielen, oder bestimmte Grenzen kontrollieren, nicht zu weit gehen. Der schwierige Balanceakt zwischen diesen beiden gegensätzlichen Antriebskräften führt häufig zu Äußerungen, die sich irgendwo dazwischen befinden: zu verkappten Enthüllungen. Dieses Element gilt es bei der Analyse des Materials unbedingt zu berücksichtigen. Die größten Eingeständnisse müssen meist zwischen den Zeilen gelesen werden. Denn um etwas zu sagen, ohne es wirklich auszusprechen, um sich zu erklären, ohne sich persönlich auszuliefern, bedienen sich die Interviewten aller möglichen Strategien: Ironie und Doppeldeutigkeiten, Gleichnisse und Denksprüche, eine (nicht auf Band aufgezeichnete) Mimik, die einen anderen Schlüssel für die Interpretation des Gesagten liefert als dessen scheinbare Bedeutung, Andeutungen und Satzfetzen, die in nichtssagende Äußerungen übergehen etc. Die bevorzugte Strategie besteht in der indirekten Erklärung: über sich selbst reden auf dem Umweg über das, was andere gesagt haben.

Die indirekte Erklärung kann graduell unterschiedlich ausgeprägt sein. Manchmal ist der Diskurs über andere ein reiner Vorwand, um im Grunde nur über sich selbst zu reden, manchmal geht es wirklich um die anderen, jedoch mit einem Touch persönlicher Identifikation. Es ist Aufgabe des Interviewers, den Grad der persönlichen Implikation des Informanten zu beurteilen. In *Frauenkörper – Männerblicke* beispielsweise haben Männer oft den indirekten Diskurs verwendet, um den Blick auf nackte Busen zu beschreiben, und dann nebenbei einen mehr oder weniger versteckten Hinweis auf ihren eigenen Blick gegeben. Ein Beispiel: »Sie tun alle so, als würden sie spazieren gehen. Dafür gibt es keinen Grund, jedes funktionierende männliche Wesen wirft zumindest einen interessierten Blick darauf. Männern macht es Spaß zu spannen, und wenn keine da sind, sind alle ein bißchen enttäuscht. Also nach der allgemeinen Ansicht der Männer ist das o. k.« (S. 185). Das Satzende läßt ein etwas deutlicheres Eingeständnis durchscheinen: Als Mann kann er sich nur der »allgemeinen Ansicht der Männer« anschließen. Ein anderer Informant geht bei diesem heimlichen Hin- und Hergleiten und Ineinanderfließen von indirektem Stil und persönlicher Aussage noch weiter: »Auf manche muß das ganz schön heftige Wirkungen haben, das ist sicher! Ja ja, das kann einen nicht kalt lassen, schließlich ist man nicht aus Holz, oder!« (S. 185). Der Satz beginnt mit der Beschreibung der Außenansicht des Verhaltens »mancher«, geht dann in eine umfassendere Verallgemeinerung über (»das kann einen nicht kalt lassen«), um schließlich auf die Ebene eines Geständnisses zu gleiten, das sich nur noch ansatzweise hinter der Fassade des unpersönlichen Pronomens versteckt.

Die indirekte Erklärung ist ein Werkzeug, das mehr oder weniger bewußt eingesetzt wird. In den eben genannten Beispielen wird dieses Werkzeug relativ gut beherrscht, aber nicht selten hat der Informant nicht einmal die Zeit, sich bewußt zu werden, daß er gerade von sich selbst redet (was ihn dazu bringen kann, mehr zu sagen als gewollt). Nehmen wir ein anderes Beispiel, das von Mylène (S. 187). Sie hatte das Interview sehr zurückhaltend begonnen, doch dann hatte ein Wort das andere gegeben. Ihre zunächst groben Erklärungen hatten in ihr die Lust geweckt, immer mehr zu sagen, und dies immer deutlicher und lauter. »Da gibt es auch 'ne Menge Scheinheiligkeit! Denn die meisten Männern spannen, ob sie achtzig sind oder fünfzehn, wenn sie eine gut gebaute Frau nackt sehen! Wenn Sie ein Paar befragen, bei dem die Frau nicht praktiziert, wird der gute Mann, wenn er mit seiner Frau da ist, Ihnen sicherlich nicht sagen: ich liebe diese Frauen mit dem nackten Busen...« In diesem Moment unterbricht sich Mylène, sie spürt ein gewisses Unbehagen. Und sogleich lokalisiert sie die Quelle des Problems: Ihr Mann, an ihrer Seite, hüllt sich in Schweigen. Sie erkennt: er ist das perfekte Beispiel für das, wovon sie redet, der normale Mann mit seiner Frau, der Scheinheilige. Und zweifellos ist es im Hinblick auf ihn und nicht auf jene anonymen Männer am Strand geschehen, daß sie sich so plötzlich und eigenartig in eine Wut hineingesteigert hat. Das Schweigen wird immer belastender, Mylène hat keine Lust mehr zu reden. Sie bittet uns, das Interview zu beenden.

Der Interviewer muß auf alles vorbereitet sein. Wenn er wittert, daß hier persönliche Verhaltensweisen oder Meinungen in indirektem Stil zum Ausdruck gebracht werden, versucht er natürlich, diesen Schleier zu heben und den anderen dazu zu bewegen, offener zu reden. Sieht sich der Informant dadurch aber all zu plötzlich bloßgestellt, kann es auch passieren, daß er sich zurückzieht.

2.6. Die Vielfalt der Inhalte

Das im Rahmen eines Interviews gesammelte Material stellt keine homogene Masse dar. Der Grad, zu dem sich der Informant auf das Interview einläßt, variiert stark und kann schlagartig von einer Antwort, die reine Konvention ist, zu wirklich wesentlichen Aussagen übergehen. Nicht alle Sätze haben dasselbe Gewicht, und dies muß im Moment der Auswertung beurteilt werden (man darf also nicht allen Sätzen dieselbe Bedeutung beimessen). Auch der Status dessen, was gesagt wird, ist sehr vielfältig und wechselhaft. Da gibt es Meinungen, die persönlich sind, und solche, die aus einem gesellschaftlichen Fundus schöpfen, Meinungen, die lediglich für sich selbst stehen, und solche, die sich als kritische Urteile mit interventionistischem Anspruch verstehen. Aber es gibt auch Gefühle, lebensgeschichtliche Brocken, Selbstanalysen, Gedanken, Beobachtungen und Versuche einer Gesellschaftsanalyse. Je nach Forschungsthema werden bestimmte Typen von Inhalten besonders häufig auftreten. Dies gilt es zu durchschauen, um auch wirklich das zu erhalten, was man möchte. Jeder Inhaltstyp bringt seine besonderen Probleme mit sich. So stellen beispielsweise Spontananalysen manchmal einen ambivalenten Stolperstein dar. Denn je geistreicher sie sind und je mehr sie von gesundem Menschenverstand zeugen (was nicht selten der Fall ist), um so mehr gerät der Forscher in Versuchung, sie auf eigene Rechnung weiterzuverwenden, was im übrigen auch das Beste ist, was er tun kann. Doch es kann der Moment kommen, in dem der Leser (und auch der Forscher selbst) nicht mehr weiß, wer hier die Argumentation führt und ob es noch einen Kapitän an Bord gibt. Eine Spontananalyse seitens des Informanten darf deshalb einzig und allein ein Werkzeug in den Händen des Forschers sein und keinesfalls bei der Konstruktion des Gegenstands die Oberhand über die Hypothesen gewinnen.

Beobachtungen werfen vor allem das Problem ihrer Validität auf. Wir haben gesehen, daß die Position des Informanten einen starken Einfluß auf die Wahrnehmung seiner Umwelt hat. Manche ziehen daraus die Schlußfolgerung, daß sich das Interview nicht als Methode für das deskriptive Erfassen von Praktiken eignet und daß es sich besser auf sein Lieblingsterrain, die Repräsentationen, beschränken sollte. Ich teile diese Ansicht nicht. Das Interview kann in vielen Fällen ein höchst leistungsfähiges Werkzeug für die Feinanalyse von Praktiken sein. Hierfür muß jedoch sichergestellt sein, daß man es mit keiner wesentlichen positionsbedingten Verzerrung zu tun hat (Verzerrungen finden vor allem bei Praktiken statt, die ideologisch ausgeschlachtet werden können, und bei sehr allgemeinen Beschreibungen), und es müssen verschiedene Standpunkte miteinander gekreuzt werden. Werden diese Prinzipien respektiert, können sich die Beobachtungen, die die Informanten liefern, als erstaunlich wertvoll erweisen. Denn jeder Informant hat seine besonderen Beobachtungsgewohnheiten, die sich auf einige Details konzentrieren; in seinem Mikrobereich ist er ein unschlagbarer Spezialist. Wenn man ihm also zu breite Fragen stellt, können Verzerrungen bewirken, daß seine Äußerungen nicht verwertbar sind; wenn es jedoch um seine Lieblingsdetails geht, kann er einen fast wissenschaftlichen Ansatz haben. Anschließend genügt es, all diese Details aneinanderzureihen, um daraus ein Gesamtbild zu gewinnen. In *Frauenkörper – Männerblicke* haben wir unsere besondere Aufmerksamkeit auf die minutiöse Beschreibung des männlichen Blicks auf das Oben-Ohne gerichtet. Ich habe bereits auf dessen »hin- und herschweifenden« Aspekt hingewiesen. Die genauere Analyse hat es erlaubt, hier noch weiter zu gehen: Je mehr ein Busen von einem genau definierten ästhetischen Code abweicht, um so eher bleibt der Blick für einige Bruchteile von Sekunden daran hängen und sendet entweder eine vernichtende oder eine anerkennende Botschaft aus, je nachdem, ob der Code in positiver oder in negativer Richtung überschritten wird. Die Intensität dieser Botschaft ist direkt proportional zu der Abweichung vom Code. Diese Mechanik der Gesten hätte mithilfe der Methode der direkten Beobachtung niemals mit dieser Genauigkeit herausgearbeitet werden können. Dieses Ergebnis konnte nur erzielt werden, weil die intensive Arbeit von dreihundert Personen, die seit Jahren an den Strand gehen, genutzt werden konnte. Welcher Forscher würde nicht davon träumen, für die Durchführung seiner Untersuchung über mehrere Jahre eine Truppe von dreihundert Mitarbeiterinnen und Mitarbeitern zu haben?

IV. Die Theoriebildung

1. Die Auswertung des Materials

1.1. Der eigentliche Beginn der Untersuchung

Der Forschungsneuling sollte sich von dem, was bisher über das Führen von Interviews gesagt wurde, nicht entmutigen lassen. Gewiß handelt es sich um eine äußerst schwierige Angelegenheit, will man alle Ziele gleichzeitig erreichen: das Spiel zwischen den drei Polen beherrschen, erreichen, daß sich der andere immer mehr auf das Gespräch einläßt, den richtigen Hinweis für die Formulierung der passenden Folgefrage finden etc. Wie die Erfahrung zeigt, ist eine solche Perfektion selten, und die praktische Durchführung eines verstehenden Interviews sollte auch eher als der Versuch gesehen werden, ihr möglichst nahe zu kommen. So sind auch die Regeln, die bisher formuliert wurden, in erster Linie als Handlungsanleitungen anzusehen und nicht als Zwang, der auf Schritt und Tritt auf einem lastet. Denn sonst wird es einem nicht gelingen, die Situation zu normalisieren und sich so selbstverständlich, entspannt und zugänglich zu verhalten, daß die Voraussetzungen für das Sich-Einlassen des Informanten geschaffen sind.

Diesen Punkt noch einmal zu betonen und zu präzisieren, ist um so wichtiger, als das Führen eines Interviews ganz besondere Qualitäten erfordert. Nicht jeder gute Forscher ist auch ein guter Interviewer, es gibt sogar sehr gute Forscher, die schlechte Interviewer sind. Die Feststellung ihres kümmerlichen Talents als Interviewer sollte sie jedoch nicht allzu sehr betrüben – die Katastrophe zeichnet sich erst dann ab, wenn sie sich auch noch bei der Analyse des Materials und beim Abfassen des Forschungsberichts als unbegabt erweisen. Zunächst seien sie beruhigt: Das Führen der Interviews ist zwar ein besonderer Augenblick im Forschungsprozeß, der nur sehr schwer in perfekter Weise durchzuführen ist, stellt aber keineswegs die wichtigste Forschungsphase dar. Diese kommt später, mit der Auswertung des

Materials, die eine Art Neustart der Untersuchung, den eigentlichen Beginn der Grundlagenarbeit darstellt, und die die Schwächen der vorausgehenden Phase mehr als ausgleichen kann. Viele Forschungsneulinge wissen das nicht und begehen deshalb einen schweren Fehler. Sie glauben, daß mit dem Sammeln des Materials die Hauptarbeit getan ist und daß sie mit ihrer Arbeit um so weiter sind, je mehr Material sie angesammelt haben. Und so geraten sie in ziemliche Verlegenheit, wenn die entscheidende Stunde der Datenanalyse und theoretischen Ausarbeitung gekommen ist. Deshalb zwei Ratschläge. Der erste wurde bereits angedeutet: jede Phase so früh wie möglich beginnen, die Zeit, die für das Führen der Interviews vorgesehen ist, streng begrenzen und nicht überschreiten. Der zweite ist origineller: nicht zögern, einige Interviews an jemand anderes zu delegieren. Dieses Delegieren bringt zahlreiche Vorteile mit sich: Es führt zu einem reichhaltigeren und vielfältigeren Material (weil jeder Interviewer seinen eigenen Stil hat, was unter anderem dazu führt, daß nicht jeder dieselben Informationen erhält), und es zwingt einen, mit größerer Stringenz und Reflexivität vorzugehen, um den anderen Interviewer anleiten zu können. Natürlich können sich Studierende wohl kaum den Luxus leisten, Interviewer zu bezahlen, um sich Ferien zu gönnen. Aber sie können sich beispielsweise für das Führen der Interviews in Arbeitsgruppen organisieren, einer für den anderen Interviews führen und sich dann gegenseitig kritisieren. Oder sogar, liegen die gewählten Themen nahe beieinander oder ergänzen sich, dieselben (oder teilweise dieselben) Personen befragen, wodurch das Forschungsprogramm entlastet wird. Die Interviewphase ist diejenige, die sich am besten für kollektive Arbeit eignet (danach wird es damit zu Ende sein) – man sollte davon profitieren.

Der eigentliche Beginn der Untersuchung findet erst dann statt, wenn sich der Forscher angesichts der Berge von Kassetten, die sich vor ihm auftürmen, entschließt, sich mit dem, was sie beinhalten, auseinanderzusetzen, um am Ende zu einem ausgearbeiteten soziologischen Text zu gelangen. Diese Phase wird üblicherweise mit dem Begriff der »Inhaltsanalyse« bezeichnet.

Ich werde diesen Begriff nicht übernehmen, denn er hat einen sehr präzisen Sinn angenommen, der eher mit der Verwendung bestimmter Techniken als mit der Konstruktion des Gegenstands in Verbindung gebracht wird, welche für mich das Zentrale und gleichzeitig auch das Schwierigste ist. Das Ergebnis hängt weniger vom bloßen Inhalt des Rohmaterials ab als vielmehr von den analytischen Fähigkeiten des Forschers. Es geht nicht einfach nur darum, das, was sich auf den Tonbändern befindet, zu extrahieren und zu ordnen, sondern um eine wirklich in die Tiefe gehende, offensive und phantasievolle Erforschung. Man muß die Fakten zum Sprechen bringen, Hinweise finden und sich auch noch zum scheinbar unbedeutendsten Satz Fragen stellen. Das Spiel zwischen den drei Polen, das schon während des Interviews begonnen hat, geht jetzt weiter, von einem Tonband zum nächsten. In dem Maße, wie der Forscher bei seiner Formulierung von Modellen vorankommt, erhält er auch neue Lektüreschlüssel für das, was er anhört. Von Tag zu Tag verfeinert sich sein Gehör, und die Untersuchung schreitet voran. Die Hypothesen und Konzepte werden ständig wieder hervorgeholt und überarbeitet und ermöglichen dadurch den Fortschritt der Arbeit. Die Theoriebildung ist nicht einfach nur das Ziel, das am Ende der Arbeit steht, sondern stellt ein sehr konkretes Arbeitsinstrument dar, das es erlaubt, über den offensichtlichen und oberflächlichen Inhalt hinauszugehen und dem Gegenstand Volumen zu geben. So ist das verstehende Interview, das aufgrund seiner engen Berührung mit dem Konkreten des Empirismus beschuldigt werden könnte, paradoxerweise also eine Methode, die der theoretischen Arbeit ganz besonders förderlich ist.

1.2. Betroffenheit und Emotionen

Das Gelingen seiner Arbeit setzt beim Forscher eine ganz bestimmt Haltung voraus. Die Auswertung des Materials muß in aktiver und produktiver Weise stattfinden; es besteht hier also eine Art pausenloser Pflicht zur Entdeckung, ohne die die Forschungsarbeit als gescheitert betrachtet werden müßte (bei anderen Methoden kann man sich eher mit der flachen Präsentation von Daten zufriedengeben). Doch es gibt keine Entdeckung ohne den Wunsch, zu entdecken, deshalb muß der Forscher jeden Tag aufs Neue seine Lust, etwas zu erfahren, kultivieren und in der Analyse des Materials keine langweilige und passive Aufgabe sehen, sondern sie mit Neugier und Leidenschaft betreiben. Wie bei einer polizeilichen Befragung – die hierfür ein gutes Bild abgibt – muß er Hinweise finden, Zeugenaussagen miteinander konfrontieren, sich mögliche Motive überlegen und Beweise sammeln. Auf der Ebene der Analyse gesellschaftlicher Tatbestände sollte der Interviewer sogar mit Voyeurismus kokettieren (Berger, 1984): Er möchte alles sehen und alles wissen, vor allem das, was sich verbirgt, er möchte all die geschlossenen Türen öffnen oder zumindest einen Blick durchs Schlüsselloch werfen. Was die Ebene der theoretischen Analyse angeht, sollte er seinen Hypothesen eine solche Leidenschaft entgegenbringen, daß sie schließlich Besitz von ihm ergreifen und ihm keine Ruhe mehr lassen. Er kann an nichts anderes mehr denken, selbst wenn er sich entspannen will, indem er sich »schlechte Filme« ansieht und »billige Romane« liest. Überall findet er nur neue Anlässe, um an sie zu denken (Mills, 1973, S. 262). Und dies natürlich ganz besonders dann, wenn sein Material vor ihm liegt. Der Elan, den der leidenschaftliche Wunsch, etwas zu erfahren, ihm verleiht, sollte ihn möglichst selten verlassen.

Bereits beim Führen der Interviews hatten Emotionen eine gewisse Rolle gespielt, weil sie für das Entstehen von Empathie unverzichtbar sind. Ganz anders in der letzten Arbeitsphase; da müssen sie ausgeschlossen oder so weit wie möglich kontrolliert werden. Aber beim jetzigen Stand der Dinge besteht noch keinerlei Anlaß, gegen sie anzukämpfen. Leidenschaftlicher Wissensdurst wird wie jede Leidenschaft erlebt: mit dem Körper und nicht ohne Emotionen. Aber auch andere emotionale Wahrnehmungen müssen nicht vertrieben werden. Ohne emotionale Intensität, ohne ein Sich-Hineinfühlen in den Informanten, kann es nicht gelingen, sich voll und ganz in eine Lebensgeschichte hineinzubegeben. Der Forscher muß seinen Gefühlen freien Lauf lassen, um verstehen zu können. Während der Auswertung des Materials wird oft genau dadurch, daß einen eine Situation erstaunt, schockiert oder bewegt, die Aufmerksamkeit geweckt. Das »spontane Gefühl«, das sich »zwischen ihnen und mir« einstellt, »bringt mein bisheriges Denken ins Wanken« (Laé, 1992, S. 19). Und genau das soll erreicht werden: nämlich daß das Denken, die etablierten Kategorien des Forschers, durch die Lebensgeschichte, die sich hier auftut, über den Haufen geworfen werden. Selbstverständlich ist es anschließend nötig, sich von dieser Emotion zu lösen und »den schwierigen Übergang von der perzeptuellen zur konzeptuellen Ebene« zu vollziehen (ebd., S. 20). Eine gute Möglichkeit besteht darin, sich zunächst von einem Gefühl in ein anderes, nämlich von der Lebensgeschichte und ihren Stürmen zu einer leidenschaftlichen Begeisterung für eine Hypothese tragen zu lassen, was dann den Weg für die eher trockenen Pfade der Theorie öffnet. Später dann wird die Zeit der leidenschaftslosen Ausarbeitung und des Ordnens der Konzepte kommen, die Zeit des Herumfeilens, bevor sich der Forscher vom Produkt seiner Arbeit trennt, und die Zeit des Ausklammerns jeden Gefühls in der Endphase der Objektivierung. Doch beim verstehenden Interview umfaßt die Objektivierung verschiedene Phasen, die sich voneinander unterscheiden. Während der Auswertung des Materials (vor allem zu Anfang) stellen Emotionen ein paradoxes Werkzeug für die Konstruktion des Forschungsgegenstandes dar.

Eine empirisch begründete Fragestellung ergibt sich weder aus einem zuvor aufgestellten, rigiden Theoriekonzept noch aus dem reinen Anhören des Materials. Vielmehr kommt es auf der Grundlage von einem ständigen Hin und Her zwischen Fakten und Hypothesen zur schrittweisen Ausarbeitung der Theorie. Dies setzt auch eine besondere Haltung bei der Hypothesenformulierung voraus. Denn letztere müssen aktiv intervenieren können, um das Material wirklich durchdringen zu können. Deshalb muß der Forscher an ihnen festhalten und immer wieder neu mit ihnen zu arbeiten versuchen (es führt zu nichts, wenn man die Hypothesen jeden Morgen ändert). Aber gleichzeitig muß er durch und durch von ihrem partiellen und provisorischen Charakter und von der Tatsache überzeugt sein, daß seine Forschung nur dann vorangehen wird, wenn die Hypothesen durch die Fakten in Bewegung versetzt werden und neue Ideen daraus hervorgehen. Er muß also mit aller Leidenschaft an sie glauben und zugleich bereit sein, sie aufzugeben, und dies natürlich zugunsten anderer, die ebenso sehr seinen leidenschaftlichen Glauben an sie verdient haben. Um etwas Neues zu finden, muß man sich verleugnen, jedoch ohne daß die alten Ideen völlig in Vergessenheit geraten. Daß sie beim Forscher nun weniger Begeisterung auslösen, bedeutet lediglich, daß sie an einen anderen Platz im Entdeckungsprozeß gerückt sind, aber in dem Gesamtkonzept, das im Rahmen der Forschung herausgearbeitet wird, kann ihre Rolle unverändert groß bleiben.

Bekanntlich beugt sich die Leidenschaft nicht der Regelmäßigkeit. Genauso ist es mit der theoretischen Kreativität. Der Wissensdurst und der Elan, der von der Entdeckung einer neuen Hypothese ausgelöst wird, sind nicht immer gleich groß. An manchen Tagen ist die Stimmung eher ruhig, und diese Ruhe ist nützlich. Sie erlaubt es, das Material auf eher deskriptive und systematischere Weise auszuwerten, was ebenfalls notwendig ist, oder es zu sortieren, aufzuräumen und alte Hypothesen zu kontrollieren. Sie erlaubt es auch, sich ein wenig auszuruhen, bevor man mit neuem Schwung und Elan wieder an die Arbeit geht. Solange der Forscher kontrolliert, daß die verschiedenen Phasen in einem Verhältnis stehen, das ihm für das gute Fortkommen der Forschungsarbeit angemessen erscheint, kann er diesem Auf und Ab freien Lauf lassen.

1.3. Karteikarten

Das Anlegen von Karteikarten und Memos wurde bereits von vielen Forschern empfohlen. Charles Wright Mills (1973) rät dazu, sie laufend und zu allem, was einem in den Sinn kommt, zu erstellen; Anselm Strauss (1995) ist der Ansicht, daß es sich hierbei im Rahmen der *Grounded Theory* um einen unverzichtbaren Reflex handelt. Tatsächlich sind sie in sehr unterschiedlichen Arbeitskontexten eine wertvolle Hilfe, vor allem aufgrund ihrer doppelten Funktion. Sie erlauben es, direkte Beobachtungen und spontane Ideen noch in ihrer anfänglichen Frische zu sammeln, stellen gleichzeitig aber auch ein Instrument dar, um Unklarheiten im Denken zu überwinden, indem sie einen zwingen, das, was einem durch den Kopf geht, niederzuschreiben.

Ich persönlich verwende während der Auswertung des Materials Unmengen solcher Karteikarten. Ich kann jedoch nur für mich selbst sprechen. Denn ich habe während verschiedener Kurse zum Thema Interview festgestellt, daß diese Vorgehensweise eine von denen war, die bei den Studierenden am meisten Widerstand hervorriefen. Sie waren es eher gewohnt, mit vollständigen Transkripten zu arbeiten (die dann zerschnitten werden, mit Anmerkungen versehen etc.). Außerdem kann die Aufnahmefähigkeit für Geschriebenes und Gehörtes von Person zu Person unterschiedlich sein. Ein jeder sollte also für sich die Technik entwickeln, die ihm am effizientesten erscheint und mit der er sich wohl fühlt; ich werde hier meine als Beispiel vorführen.

Die vollständige Transkription verändert die Natur des Ausgangsmaterials; es wird zu geschriebenem Text, der sich mehr auf die Sprache konzentriert. Das ist ideal für eine einfache Auswertung der Daten, aber nicht für eine Tiefenuntersuchung, die ein Maximum an Hinweisen zur Verfügung haben sollte. Das Gesprochene ist unendlich reichhaltiger und komplexer: Sprachrhythmus, Tonfall und Schweigepausen sind Kommentare zum Text, die seinen Sinn ändern können. Das gesprochene

Wort ist auch lebendiger, es ermöglicht einen direkteren Zugang zu Gefühlen und ein intensiveres Eintauchen in die Lebensgeschichte. Doch das ist nicht der wichtigste Punkt. Die Auswertung der Daten ist, auf welche Weise auch immer sie stattfindet, immer eine Reduktion der Komplexität des Wirklichen. Manche ziehen es deshalb vor, bereits auf der Basis eines gefilterten und konzentrierten Ausgangsmaterials zu arbeiten (das ist übrigens auch der Grund, warum nur sehr selten Videobänder verwendet werden – sie enthalten zu viele Informationen). Auch wenn der geschriebene Text im Vergleich zum Originalband bereits sehr reduktionistisch ist, kann er doch ein gutes Ausgangsmaterial darstellen. Alles hängt davon ab, was man damit machen möchte. Wenn es darum geht, die Daten einfach nur eindimensional zu präsentieren, sie zu sortieren und zu ordnen, Kategorien und Typologien zu bilden, dann eignet sich Text sehr gut. Wenn es aber darum geht, dem soziologischen Gegenstand Volumen zu geben, indem man die Fragestellung möglichst nah an der Empirie entwickelt, dann scheint mir das gesprochene Wort überlegen zu sein.

Denn es ermöglicht ein tiefes und intensives Eintauchen in die Unendlichkeit der Details, den hautnahen Kontakt mit einer Lebensgeschichte, während im Hinterkopf die theoretischen Kategorien der Forschungsarbeit durchgeknetet werden. Das heißt also, daß die besten Voraussetzungen für deren Symbiose vorliegen. Selbstverständlich ist es auch möglich, auf der Grundlage eines geschriebenen Textes in eine Geschichte einzutauchen – dieser Möglichkeit bedient sich ja auch der Roman. Doch wie bei einem Roman bleibt es dem Leser überlassen, sich die Geschichte auf seine Weise vorzustellen. Besser ist es jedoch, wenn einen die Geschichte, wie bei einem Film, vollständig gefangennimmt, mitreißt, durcheinanderbringt. Auf diese Weise geraten die theoretischen Kategorien maximal in Bewegung und das Hin und Her zwischen Hypothesen und Daten gewinnt noch an Dynamik. Ansonsten bleibt der Forscher in seinen alten Kategorien gefangen und der Theorie-Teig geht nicht auf.

Für eine empirisch begründete Theoriebildung scheint mir das gesprochene Wort also überlegen. Wenn die Interviewphase beendet ist und ich vor meinen Tonbändern sitze, erstelle ich nie eine vollständige Transkription. Ich gehe mithilfe von Karteikarten vor, was bedeutet, daß ich sofort, vom ersten Band an, mit der Arbeit der theoretischen Ausdifferenzierung beginne. Ich schalte mein Tonband ein, höre mir etwas an, höre es nochmals an – so oft, wie eben nötig. Ich lasse mich mitreißen von dieser Geschichte, in die ich nach und nach eintauche, und von den Hypothesen, die in meinem Kopf in Bewegung sind. Ich nehme eine Haltung »frei flottierender Aufmerksamkeit« ein (Michelat, 1975, S. 239). Wenn ich zehnmal denselben Ausschnitt anhöre, wird mein Zuhören zehnmal ein anderes sein, denn die Analyse folgt vielfältigen Pfaden: Könnte es sein, daß der Informant hier lügt? Warum sagt er einen so merkwürdigen Satz? Sollte diese eine Hypothese nicht noch einmal überarbeitet werden? Und sollte darüber hinaus nicht auch der Aufbau der Gliederung überarbeitet werden? Dabei mache ich keinerlei hierarchischen Unterschiede zwischen den verschiedenen gedanklichen Ebenen und wende mich einer Anekdote mit derselben Neugier zu wie einem allgemeinen Konzept. Ich wandere zwischen diesen Ebenen hin und her, als ob es sich um eine einzige handelte. Ich reglementiere so wenig wie möglich, denn gerade in der Überraschung durch das Material und in den Wechselwirkungen zwischen den verschiedenen Ebenen bricht das Neue hervor. Deshalb lasse ich mich so weit wie möglich von meinem augenblicklichen Wissensdurst leiten. Mitunter nimmt diese Freiheit ein wenig zu exzessive Züge an: Es kann passieren, daß ich zwei oder drei Tage lang nur der Spur eines Details einer Geschichte folge, oder aber ich verliere mich in sehr abstrakten Reflexionen und das Anhören des Bandmaterials wird zu einem reinen Hintergrundgeräusch. In der Regel stellt jedoch eine Art verinnerlichter Mechanismus das Gleichgewicht wieder her, ohne daß ich intervenieren müßte. Plötzlich bin ich des Konkreten oder der Theorie überdrüssig und ändere sofort radikal meine Hörweise.

Mit einem Fragenkatalog im Kopf, dem Notizblock und dem Stift in der Hand, höre ich die Bänder wieder und wieder an. Alles, was mir in den Sinn kommt, notiere ich. Die Grundlage der meisten Karteikarten bilden Sätze meiner Informanten. Auch ich transkribiere also die Interviews, aber auf eine spezielle Art und Weise: fragmentiert (ein Satz pro Karteikarte, manchmal auch ein längerer Ausschnitt zu ein- und demselben Thema) und partiell (nur das, was interessant sein könnte, wird transkribiert – ein Vorgehen, durch das diese lästige Arbeit erleichtert wird und man nicht in weniger wichtigem Material ertrinkt). Was ist es, was interessant sein könnte? Schöne, bildhafte, vielsagende Sätze; interessante, informative Situationen; überraschende Episoden; argumentativ gut eingelöste alltägliche Denkschemata; Elemente, die den Hypothesen, an denen ich arbeite, sehr nahe kommen. Die Frage nach dem Grund für mein Interesse stelle ich mir nicht; ich notiere die Dinge einfach, weil ich sie interessant finde.

Nur selten notiere ich einfach nur einen Satz, ohne weiteren Kommentar. Meistens teile ich meine Karteikarte in zwei Teile auf. Oben schreibe ich den Satz hin, der meine Neugier geweckt hat, oder ich beschreibe so objektiv wie möglich ein Ereignis oder eine Situation, kurz: das sind die Daten im Rohzustand. Unten, durch eine Linie sorgfältig vom oberen Teil getrennt, notiere ich meine Kommentare und Interpretationen. Völlig frei. Ich achte weder auf meine Ausdrucksweise, noch auf die Grammatik, noch darauf, daß die Konzepte sauber formuliert werden: ich schreibe wie ich denke. Die Interpretation kann sich beispielsweise auf eine Lebensgeschichte beziehen; das heißt, ausgehend von den Hinweisen auf dem oberen Teil der Karte versuche ich, mein Verständnis der inneren Wirklichkeit meines Informanten zu vertiefen. Die Interpretation kann sich aber auch auf ein bereits erarbeitetes Gesellschaftsmodell oder eher theoretische Hypothesen beziehen (manche Karteikarten sind rein theoretisch und enthalten gar keine Daten). Ich erkläre (während ich es mir selbst erkläre), was ich gerade dazugelernt habe und wie dadurch der Forschungskorpus neu formuliert wird. Dabei bin ich mir jedesmal dessen, was ich schreibe, sicher und habe immer dasselbe Gefühl, nämlich daß diese noch zerbrechlichen und unsicheren Neuformulierungen der Hypothese mir plötzlich wieder entfallen könnten, wenn ich sie nicht sofort haargenau aufschreibe. Deshalb versuche ich, alles zu notieren, auch das, was in meinem Kopf noch von Nebel umgeben ist, wodurch ich gezwungen bin, es diesem Nebel zu entreißen. Fast immer bin ich mir dann sicher, daß diese Karteikarte beim Schreiben des Endberichts eine wichtige Rolle spielen wird. Doch in Wirklichkeit ist nur wenigen von ihnen dieses edle Schicksal beschieden. Viele verlieren sehr schnell an Aktualität, und das, was mir gestern noch wie eine große Erleuchtung erschien, kommt mir tags darauf nur noch wie vages Gekritzel vor. Wenn ich am Ende meine Karteikarten ordne, genügt ein kurzer Blick, um sagen zu können, von wann sie sind, denn die Konzepte haben sich kontinuierlich weiter entwickelt.

Ist es dann überhaupt sinnvoll, so detaillierte Kommentare zu schreiben? Für mich ja, denn für mich ist die Anstrengung beim Schmieden des noch heißen Eisens, d.h. beim Abklären der frisch gewonnenen Hypothesen, ein Mittel, um mein Denken zu schärfen und voranzutreiben. Die Karteikarten dienen ebenso sehr der Theoriebildung wie dem Sammeln von Daten. Hinsichtlich des zweiten Aspekts bleiben sie auch bis zum Ende voll und ganz verwertbar, lediglich die langen Kommentare werden nur noch überflogen und im Licht der Überzeugungen, zu denen man am Ende gelangt ist, kritisch betrachtet. Mit etwas Abstand erscheint mir dann die Eile (und fast die Angst), mit der ich die Karten verfaßt habe, um nur ja nichts zu verlieren, beinahe lächerlich. Doch gleichzeitig stelle ich fest, daß auch alte und verworfene Ideen nicht vollständig von der Bildfläche verschwinden, sondern sich eine an die andere reihen, immer genauere Konturen annehmen, und die prächtige neue Hypothese ist in Wirklichkeit nichts anderes als das Endergebnis eines langwierigen Denkprozesses. Viele der Karteikarten wiederholen sich übrigens zu drei Vierteln. Oft ist eine Hypothese bereits in einem anderen Zusammenhang entwikkelt worden. Und doch ist all diese Arbeit, zumindest was mich betrifft, notwendig, genauso wie die Illusion und die Angst, ich könnte alles verlieren, wenn ich es nicht sofort schwarz auf weiß niederschreibe. Denn dadurch bin ich gezwungen, immer dann, wenn beim Hören irgendein Interesse bei mir geweckt wird, dies auch sogleich ausführlich und detailliert zu notieren und so die Konstruktion des Forschungsgegenstands tagtäglich ein wenig voranzubringen.

Vom technischen Gesichtspunkt her habe ich also drei Werkzeuge zur Hand: das Aufnahmegerät, meinen Karteikasten und die Gliederung, die ständig weiterentwickelt wird. Mit jeder Hypothese, die sich herauskristallisiert, oder jedesmal, wenn ein neuer deskriptiver Aspekt auftaucht, füge ich meiner Gliederung kleine Hinweise oder Untertitel hinzu. Handelt es sich um eine zentrale Hypothese, oder ist die Gliederung mittlerweile allzu sehr von Streichungen und schwerverdaulichen, verschachtelten Unterkapiteln übersät, schreibe ich das Ganze neu ins Reine. Dabei handelt es sich nie um eine rein technische Angelegenheit, sondern um einen Moment wichtiger Entscheidungen hinsichtlich des Gesamtaufbaus. Um eine gewisse Vorstellung davon zu vermitteln: Im Laufe der Forschungsarbeit ordne ich die Gliederung ungefähr sechs bis acht mal komplett neu. Karteikarten verfasse ich oft mehr als zweitausend, was durchschnittlich ungefähr zehn Karten pro Seite Forschungsbericht ergibt.

1.4. Zwei Beispiele

Um das alles ein wenig zu konkretisieren, habe ich zwei Beispiele für solche Karteikarten ausgewählt. Um wirklich ihre Vielfalt zu verdeutlichen, hätte es weit mehr Kartenbeispiele bedurft; so enthalten beispielsweise manche lediglich Rohmaterial (unkommentierte Auszüge), andere hingegen theoretische Entwürfe ohne empirisches Material. Die folgenden Beispiele stellen also kein allgemeingültiges Modell dar, aber sie vermitteln einen Eindruck davon, wie die meisten meiner Karteikarten aussehen. Die erste basiert auf Interviewauszügen und einer Situationsbeschreibung und enthält nur wenige theoretische und methodologische Anmerkungen. Umgekehrt stützt sich die zweite lediglich auf einen kurzen Satz und entwickelt dann Hypothesen.

M92: »Es stimmt schon, die Gedanken, die man manchmal hat, stehen im Widerspruch zu dem, was man denkt.«

Es ist ihm wichtig, sich als moderner, mega-toleranter Mann zu präsentieren, und es wäre ihm eigentlich lieber gewesen, nur davon zu sprechen, daß jeder tun und lassen kann, was er will. Angesichts der Fragen, die ihn dazu drängen, die Grenzen dieser Freiheit zur Sprache zu bringen, gerät er in die Defensive, seine Antworten werden kurz und lustlos.

Zu seinem Pech erinnert ihn dann seine Freundin (die sein Unbehagen nicht bemerkt zu haben scheint) auch noch daran, daß er jenseits des Mikrophons ständig mit Aussprüchen kam wie: »Also die da sollte ihr Oberteil auch lieber anlassen.« Zunächst versucht er noch, sie mit dem Kunstgriff: »Das ist doch nur Spaß!« zum Schweigen zu bringen, um dann aber doch zuzugeben: »Ich muß schon sagen, bei den Häßlichen ist man schon weniger begeistert.« Und schließlich wird ihm das Doppelbödige an dem, was er sagt, bewußt, und er denkt darüber nach, daß »die Gedanken, die man manchmal hat« (die Lust, den Schönen den Vorrang zu geben), »im Widerspruch stehen zu dem, was man denkt« (der Wunsch, daß jeder tun soll, was er will).

Ergebnis: An diesem Beispiel sieht man sehr gut, daß die Widersprüchlichkeit des doppelbödigen Denkens gewöhnlich nicht bewußt erlebt wird. Das widersprüchliche Denken ist eine normale Struktur des alltäglichen Denkens, mit dem ohne größere Probleme umgegangen wird (außer, wenn die beiden Ebenen gleichzeitig ins Bewußtsein gelangen und dadurch eine Meinungsbildung oder Entscheidung schwierig machen) (wie hier in der Interviewsituation).

Methode: Die Interviewsituation hat tendenziell den Effekt, daß eine tolerante Haltung übermäßig stark betont wird. In Fällen, in denen dies offensichtlich ist, muß es korrigiert werden, indem andeutungsweise ausgesprochene, einschränkende Sätze stärker gewertet werden.

F31: »Ich glaube, alles passiert im Kopf, wenn du Oben-Ohne machst: wichtig ist, es super natürlich zu machen«.

Ein durch und durch widersprüchlicher Satz. Voll tieferen Sinns.

Das Natürliche ist das, was selbstverständlich ist: es läuft nicht über den Kopf.

Doch hier muß es, um Natürlichkeit zu erlangen, über den Kopf laufen.

F31 deutet damit an, daß es einer Anstrengung, einer Arbeit, eines ganz bestimmten Denkens über und Betrachtens des Oben-Ohne bedarf: es geht darum, Natürlichkeit zu konstruieren.

Leider weiß ich nicht, ob ich diesen schönen Satz verwenden kann. Denn wenn man ihn genauer erforscht, wird er sehr komplex.

Denn der Begriff des Prozesses bedeutet hier, daß die Arbeit an sich selbst dazu führen muß, daß es nicht mehr über den Kopf läuft, also daß es tatsächlich super natürlich wird, ohne Kopf, inkorporiert.

Dieser Satz illustriert also einen Übergangsmoment des Prozesses, wenn das Natürliche noch nicht voll und ganz konstruiert ist.

Fraglich ist allerdings, ob die Konstruktion von Natürlichkeit nicht immer über den Kopf läuft. Das ist keinesfalls sicher, im Gegenteil. Siehe zum Beispiel die Geschichte (müßte gesucht werden, falls das hier verwertet wird) der Frau, die erklärt hat, ihre Erziehung sei für ihre körperliche Ungezwungenheit wegbereitend gewesen.

Die Frage, die man sich stellen könnte, wäre also: Unter welchen Bedingungen findet eine bewußte, nicht nur implizit bleibende Arbeit statt, um Natürlichkeit zu konstruieren? (Zweifellos dann, wenn zwischen den inkorporierten Gewohnheiten und den Handlungsszenarien ein Widerspruch besteht).

(Das ist eine gute Frage, aber sie führt mich wohl ein bißchen zu weit. Mich also auf das Wesentliche auf dieser Karte beschränken: den konstruierten Charakter des Natürlichen).

2. Konzepte aneinander reiben

2.1. Lokales und globales Wissen

Wie entstehen Hypothesen? Laut Charles Wright Mills gehen sie aus der paradoxen Mischung zweier Faktoren hervor: einerseits dem aktiven Willen des Forschers, dem »soziologischen Denkvermögen« und der »ernsten Frage nach dem tieferen Sinn«, andererseits seiner Passivität und toleranten Offenheit, die es ihm erlauben, auch »unvorhergesehene Zusammenhänge« ins Auge zu fassen (1973, S. 262/63). Wenn der Forscher lediglich Gefangener seiner eigenen (fixen) Ideen bleibt und sich nicht für das Neue öffnet, gerät er mit seiner Theoriebildung in eine Sackgasse und kommt nicht weiter; wenn er zu passiv und vorsichtig ist, führen seine »Verknüpfungen« zu rein deskriptiven Ergebnissen und entfalten keinerlei kreatives Potential.

Auf der Kombination dieser beiden Faktoren beruht die traditionelle Art und Weise der Theoriebildung (der formalen und gebildeten Theorie). Freischwebende, abstrakte Ideen erlauben es einem, sich alle möglichen »Verknüpfungen« auszudenken (unter der Voraussetzung, daß der Forscher ein Minimum an theoretischer Vorbildung besitzt). Bei der empirisch fundierten Theorie hingegen begrenzt die Empirie die Bewegungsfreiheit. Dieser Nachteil wird jedoch durch eine sehr gewinnbringende Besonderheit dieser Form der Theoriebildung mehr als ausgeglichen: das Nebeneinander verschiedener gedanklicher Ebenen. In der klassischen Theorie sind alle angesprochenen und miteinander verknüpften Konzepte auf derselben Ebene angesiedelt: nämlich auf derjenigen mit dem höchsten Verallgemeinerungsgrad. Wenn konkrete Fakten, Statistiken oder Interviewauszüge herangezogen werden, dann einzig und allein als Zeugen, Hintergrundillustrationen und Argumentationsstützen. Sie werden nicht als eigenständige Elemente der Argumentation betrachtet, wie das in der empirisch fundierten Theorie der Fall ist. Bei letzterer tragen alle zur Sprache gekommenen Kategorien unabhängig von ihrem Status in der Wissenshierarchie – von der niedrigsten, normalsten, gewöhnlichsten und alltäglichsten bis hin zur legitimsten und mit dem Ruhm ihrer Präsenz in soziologischen Handbüchern ausgestatteten – zur Konstruktion des Gegenstands bei. Sie können alle eine ebenbürtige Rolle spielen und jede einzelne kann plötzlich in den Vordergrund der Reflexion treten, auch wenn ihre Rolle in Abhängigkeit von ihrem Platz in der Hierarchie variiert.

Der soziologische Gegenstand wird unter Verwendung autochthoner Kategorien konstruiert, aber man bewegt sich immer weiter von ihnen weg, je mehr die theoretischen Modelle Gestalt annehmen. Mithilfe dieser subtilen Alchimie kommt man gedanklich vorwärts. Selbst dann noch, wenn der Forscher glaubt, nun alles über sein Thema zu wissen, sollte er weiterhin selbst dem geringsten lokalen Wissen und der unbedeutendsten autochthonen Kategorie gegenüber empfänglich bleiben (an dem Tag, an dem es ihm nicht mehr gelingt, neugierig zu bleiben, bleibt ihm nichts anderes übrig, als seine Arbeit abzuschließen; er wird nichts mehr dazulernen). Jedoch wird ihm, je mehr er mit seiner Forschungsarbeit vorankommt, dieses lokale Wissen im Licht dessen, was er über seine Bestimmungsfaktoren herausgefunden hat, immer rudimentärer, partieller, illusorischer und ausschnitthafter erscheinen – und doch bleibt es paradoxerweise trotz allem die Quelle seiner theoretischen Entwürfe.

Hypothesen entstehen aus »unerwarteten Verknüpfungen«, Vernetzungen zwischen theoretischen Kategorien, zwischen denen zuvor nie ein Zusammenhang hergestellt wurde. Deshalb muß der Forscher offen bleiben für alle möglichen Entwicklungen in die unterschiedlichsten Richtungen und auch solche Querverbindungen zulassen, die ein Sakrileg gegenüber etablierten Dogmen bedeuten. Was bei der empirisch fundierten Theorie jedoch besonders zentral ist, ist die ständige Konfrontation zwischen lokalem Wissen (autochthone Kategorien) und globalem Wissen (abstrakte Konzepte). Der Schlüssel für die Produktivität einer Untersuchung ist dieses fortwährende »gobetween« (Schwartz, 1993, S. 302) zwischen konkreten Beobachtungen und allgemeinen Interpretationsmodellen, dieses »beständige dialektische Lavieren zwischen kleinsten lokalspezifischen Details und umfassendsten Strukturen« (Geertz, 1987, S. 307). Clifford Geertz betont deshalb die Notwendigkeit, die autochthonen Kategorien zu verstehen. Hierfür gilt es, zum Wertesystem und Leben des Informanten Zugang zu finden, indem man offen ist, auch noch so geheimnisvolle und merkwürdige Ausdrucksweisen zu verstehen: »Das Verstehen (...) gleicht eher dem richtigen Erfassen eines Sprichworts, dem Begreifen einer Anspielung« (S. 309), um »die Dinge aus der Perspektive des Eingeborenen zu betrachten« (S. 290). Je ausgefeilter ein Detail ist und je besser es sich in ein kohärentes Gesamtbild einfügt, je besser es sich mit Zwischenebenen der Konzeptualisierung zusammenfügen läßt, um so zuverlässiger und haltbarer wird seine Vernetzung mit abstrakten Konzepten sein.

Geertz, der exotische Ethnologie betreibt, spricht logischerweise von einem »autochthonen« Wissen. Ich habe gezögert, diesen Begriff auf das verstehende Interview anzuwenden, im Rahmen dessen die »Eingeborenen« in der Regel Unseresgleichen, ganz normale Männer und Frauen sind. Doch der Begriff behält durchaus seine Richtigkeit, denn obwohl er nicht ganz treffend zu sein scheint, hat er doch den Vorteil, einen wesentlichen Gedanken hervorzuheben: Der normale Mensch ist Träger einer unbekannten Kultur, die fast so fremd und beinahe im gleichen Maße erst zu entdecken ist wie die der Bororos. Wenn der Interviewer hiervon nicht fest überzeugt ist, wird er beim Zuhören nicht die Haltung und den Forscherdrang entwickeln, die es ihm ermöglichen, die lokalen Kategorien aufzuspüren, die Wissen bergen und Quelle für theoretische Entwürfe sein können.

Der Forscher muß ohne Unterlaß zwischen den »kleinsten lokal spezifischen Details« und den »umfassendsten Strukturen« (Geertz, 1987, S. 307) hin- und hergleiten und auf Zwischenebenen innehalten, um die Dinge aus der Nähe zu betrachten. Und auch die geistigen Formen seiner

Aufmerksamkeit wechseln: Emotionen und einfache Eindrücke mischen sich mit Schlußfolgerungen und anderen eher theoretischen Überlegungen. All diesen Veränderungen im Hinblick auf die Inhalte und Reflexionsebenen sollte der Forscher freien Lauf lassen und sich von dem, was das Anhören der Bänder bei ihm auslöst, und von seinen unvorhersehbaren Gedankengängen mitreißen lassen. Nur von Zeit zu Zeit sollte er korrigierend eingreifen, nämlich dann, wenn sich seine Aufmerksamkeit allzu oft auf dieselbe Ebene richtet (und er somit Gefahr läuft, daß seine Forschungsarbeit entweder deskriptiver oder, im Gegenteil, abstrakter wird als gewollt) und er die zentralen Konzepte, die für die Konstruktion des Gegenstands notwendig sind, aus dem Blick verliert. Die Momente, in denen die Gliederung überarbeitet wird, eignen sich gut dafür, Bilanz zu ziehen und sich zu überlegen, wie das Endprodukt aussehen wird, wenn man weiterarbeitet wie bisher. Wenn sich dann herausstellt, daß eine offensichtliche Lücke besteht (nicht genügend empirisches Material, nicht genügend Theorie, Anhäufung von Beobachtungen, die schlecht ineinandergreifen etc.), dann muß eine klarere Richtung eingeschlagen und die Aufmerksamkeit auf ihren Reisen stärker gesteuert werden. Es ist durchaus möglich, sich treiben zu lassen und gleichzeitig zu kontrollieren, wohin einen die Strömung treibt.

Dieses unvorhersehbare Hin- und Herspringen in alle möglichen Richtungen bedeutet nicht, daß im Kopf des Forschers alles beliebig durcheinandergeht. Trotz der ständigen Richtungsänderungen besteht zu jedem Zeitpunkt eine genaue gedankliche Ordnung, eine Aufmerksamkeitshierarchie, bei der eine einzelne Kategorie oder ein Bündel von Kategorien ganz oben steht. Diese Ordnung ist es, die das Entdecken überhaupt erst ermöglicht. Denn »Erfinden« ist nur unter der Voraussetzung hoher Konzentration möglich (Jousse, 1974). Die Passivität, die es der Aufmerksamkeit erlaubt, sich treiben zu lassen und für Überraschendes offen zu sein, sollte also nicht zum Einschlafen führen. Der Forscher sucht sich zwar weder das Zielobjekt noch das Terrain bewußt aus, sollte sich aber dennoch immer dafür bereit halten, schnell, energisch und präzise auf den kleinsten Hinweis reagieren und seine Aufmerksamkeit auf den Mittelpunkt der Zielscheibe richten zu können. Fassen wir zusammen: Eine neue Hypothese entsteht gleichzeitig aus einer »unerwarteten Verknüpfung« und der Konzentration auf eine kleine Anzahl von Ideen (während die anderen im Bewußtsein weniger präsent sind). Im Zentrum des Schaffensprozesses steht somit die Aufmerksamkeit, die auf die Verknüpfung als solche gerichtet ist.

Die ideale Verknüpfung geht von einem beobachteten Tatbestand aus und verbindet ihn mit einer zentralen Hypothese, die dadurch gleichzeitig transformiert wird. Ich möchte das an einem Beispiel aus *Frauenkörper – Männerblicke* verdeutlichen. Ich war mit der Auswertung der Tonbandaufnahme von Nancy, einer amerikanischen Studentin, beschäftigt. Die Konzentration kann nicht während der gesamten Materialauswertung gleich hoch bleiben; da gibt es notwendigerweise auch Phasen der Entspannung. In einer solchen befand ich mich. Ich hörte die Geschichte voller Neugier an, machte aber keine Notizen und lachte aus vollem Halse über die Anekdoten, die sie mit einem unwiderstehlich lustigen Akzent zum Besten gab. Bevor sie in jenem Sommer, in dem wir sie interviewten, nach Frankreich gekommen war, hatten ihre Eltern, alarmiert von den Gefahren, die an den Stränden des alten Kontinents lauern, sie schwören lassen, sich niemals dieser skandalösen Praxis hinzugeben. Damals mußte sie sich weder überwinden noch lügen, sie war selbst überzeugt vom abgrundtief unmoralischen Charakter des Oben-Ohne. »Das war nichts für mich, ganz schlecht, etwas ganz, ganz Schlechtes«. Und dann, am Strand, war alles anders. Sie sah nichts Schlechtes. Im Gegenteil, es hatte da nur entspannte Leute ohne irgendwelche verwerflichen Verhaltensweisen, Frauen mit toller Ganzkörperbräunung: sie hatte sofort auch Lust darauf, und es dauerte nicht lange, bis sie ihren Badeanzug herunterrollte. Nur beim allerersten Mal war das noch ein starker Eindruck und sie genierte sich: schon vom nächsten Tag an hatte sie sich daran gewöhnt, mitgetragen von dieser Bewegung. »Das ist sehr, sehr angenehm, das läßt einen ein anderes Leben sehen, weniger ernsthaft als bei mir zu Hause.« Ich erinnere mich noch, wie ich langsam aufhörte zu lachen und begann, mich intensiver für ihre Geschichte zu interessieren. (Hätte ich mich überhaupt dafür interessiert, wenn ich nicht zuvor so darüber gelacht hätte? Das steht keineswegs fest.) Wie es sich in schöner verstehender Logik gehört, versuchte ich, so gut wie möglich an ihren Gefühlen und an der Entwicklung ihres gedanklichen Systems teilzuhaben und in ihre Haut zu schlüpfen. Und ich habe ganz konkret dieses »andere Leben« – um hier ihren schönen Ausdruck zu übernehmen –, das auf einer einfachen Rollenübernahme beruhte, nachempfunden. Und urplötzlich sah ich den Zusammenhang zu meiner Hypothese bezüglich der Distanz zur Rolle, die beim Anhören des Materials gerade erst einigen Stürmen hatte standhalten müssen. Dieser letzte Sturm nun war noch gewaltiger und vernichtender, und vor allem hallte er in meinem Innersten nach. Was dann geschah, verdient es, besonders hervorgehoben zu werden: Die hierarchische Anordnung von Hypothese und empirischem Material kehrte sich nämlich um. In ruhigen Auswertungsphasen nehmen die Hypothesen die übergeordnete Position ein: Sie dienen als Leitfaden für die Lektüre des Materials. Wenn jedoch eine Geschichte (wie die von Nancy) so kraftvoll ist, daß sie einen neuen Aspekt ans Licht bringt, dann tritt umgekehrt das empirische Material in den Vordergrund und wird zu einem Instrument, mithilfe dessen die Hypothesen neu formuliert werden können.

2.2. Variationen und Gegenbeispiele

Auch wenn es nur selten zu so einschneidenden Umwälzungen im Hinblick auf die zentrale These kommt, ist dieser Mechanismus der Umkehrung der hierarchischen Anordnung von Hypothesen und Material doch fortwährend am Werk. Immer wieder treten die empirischen Fakten in den Vordergrund, weil sie etwas beizutragen haben und auf diese Weise die theoretische Fragestellung voranbringen. Dies hat einen einfachen Grund: Jeder Einzelfall ist speziell, jede Geschichte hat eine ihr eigene Struktur. Es gibt also niemals zwei Fälle, die ein Modell auf ein- und dieselbe Weise illustrieren. Sobald man die Details ausreichend erforscht, erfährt das Modell eine Spezifikation, also eine Veränderung. Wenn der Forscher eine Variation findet (und ich wiederhole: er wird ständig welche finden, etliche pro Tag), hat er zwei Möglichkeiten. Entweder er übernimmt sie in sein Modell, d.h. er verfeinert seine Ordnungskategorien, Gruppen, Untergruppen und Typologien noch weiter, indem er eine weitere Unterteilung hinzufügt, und zeichnet also vom deskriptiven Standpunkt aus ein noch detaillierteres und genaueres Bild. Oder er behandelt diese deskriptive Ebene als zweitrangig und konzentriert sich auf die Verbesserung seines zentralen Analysemodells. Wenn er sich für die zweite Option entscheidet, kann er die beobachtete Variation als Werkzeug verwenden: Sie zeigt das Modell in einem neuen Licht und erlaubt es, seine Funktionsweise oder einen Aspekt seiner Funktionsweise besser zu verstehen. Meistens kann man nicht beides auf einmal tun, das heißt, entweder man beschreibt und klassifiziert, oder man versucht, die mit den zentralen Hypothesen verknüpften Prozesse zu verstehen. Entweder man steckt die Variation in ein genau etikettiertes Kästchen, oder man setzt sie als Werkzeug ein. Manchmal sind aber auch beide Vorgehensweisen nötig, und zwar eine nach der anderen. Nicht selten kommt es vor, daß sich der Forscher nur in eine Richtung ziehen läßt, ohne sich bewußt zu sein, wie ihm geschieht; und diese Richtung ist in der Regel diejenige des reinen Klassifizierens der Daten. Doch der Forscher, der einen Beitrag zur Theoriebildung erbringen will, muß auch imstande sein, mit dem Klassifizieren aufzuhören, und sich die Zeit dafür nehmen, die Daten als Werkzeuge zu verwenden. Hier komme ich noch einmal auf mein Beispiel zurück. Als ich mir Nancys Geschichte angehört habe, hätte ich sie in das Kästchen »sehr geringe Rollendistanz« stecken können, welches dem der »mittleren Rollendistanz« und dem der »großen Rollendistanz« gegenüberstand. Das wäre einfach und schnell gewesen, und ich wäre das Problem los gewesen. Aber dann hätte ich niemals verstanden (jedenfalls nicht an diesem Tag), daß das Fehlen der Rollendistanz ein wesentliches Element der Konstruktion von Identität ist.

1Die meisten Variationen führen nur zu leichten Verschiebungen hinsichtlich eines besonderen Aspekts des Modells und ermöglichen es, ein Detail zu präzisieren – ein relativ einfaches Unterfangen. Ausgeprägtere Variationen können jedoch zu Verwirrung und Unentschlossenheit führen. Dies ist besonders bei Sätzen der Fall, die merkwürdig oder unlogisch erscheinen, überhaupt nicht in das Modell passen oder ihm sogar genau entgegenlaufen. Natürlich kann es sich in solchen Fällen um die übliche Ausnahme, die die Regel bestätigt, handeln, ebenso aber auch um ein wichtiges Element, das bisher übersehen wurde und die Hypothesen über den Haufen werfen kann. Das zu beurteilen, ist nicht leicht, denn das Neue ist per Definition noch unbekannt, und die Dinge, die einem merkwürdig erscheinen, sind im Grunde nur diejenigen, die man noch nicht verstanden hat. Bevor man in solchen Fällen eine Entscheidung trifft, sollte man grundsätzlich dem Entdeckungs-Szenario den Vorrang und den »Gegenbeispielen« eine Chance geben, indem man sie sich ganz genau ansieht (Strauss, 1995). Denn die Gefahr ist groß, sich in sein Modell einzuschließen und zu weigern, das zu sehen, was ihm nicht entspricht oder zu sehr widerspricht. Dann ist der Forschungsprozeß blockiert oder ernsthaft gebremst.

2.3. Dürftiges Material

Wir haben gesehen, daß sich empirisches Material danach unterscheiden läßt, auf welcher Ebene der Konzeptualisierung es angesiedelt ist und welcher Art sein Inhalt ist (Meinungen, Beobachtungen etc.). Hinzu kommt eine weitere Eigenschaft: Je nach Informant und Thema ist es mehr oder weniger umfangreich. Manche Leute reagieren, insbesondere auf aktuelle gesellschaftliche Themen, mit einem spontanen Redeschwall, der sich aus ihren Diskussionen mit Freunden sowie Beiträgen in Zeitungen und im Fernsehen speist. In diesem Fall kann der Forscher mit Leichtigkeit ein umfangreiches Material sammeln. Die Schwierigkeit für ihn besteht dann jedoch darin, sich von diesem Material nicht überschwemmen zu lassen und die Kontrolle über die Analysekategorien, die ihm ständig nahegelegt werden, zu bewahren. Er muß also in gewisser Weise seine Distanz wahren. Andere Themen führen zu einem genau entgegengesetzten Ergebnis. Dies war bei *Schmutzige Wäsche* und bei *Frauenkörper – Männerblicke* der Fall, wo sich viele Fragen auf körperliche Automatismen bezogen, die kaum ihren Weg über das Bewußtsein nehmen und deshalb nur schwer in Worte zu fassen sind. Die Sätze, die wir gesammelt haben, waren daher oft kurz und knapp, unkonkret, banal. Diese Dürftigkeit des Materials verlangt vom Forscher eine wesentlich offensivere Forschungshaltung, die auch den kleinsten Hinweis auswertet und sich immer wieder jeden einzelnen Satz vornimmt. Denn hier ist die Gefahr nicht, vom Material überschwemmt zu werden, sondern an der Oberfläche zu bleiben. Welcher Art das Material auch immer sein mag – umfangreich oder dürftig, konfus oder zu klar – die Haltung des Forschers kann diese Schwächen ausgleichen.

Mit dürftigem Material zu arbeiten, ist überaus anstrengend. Man sollte diese Situation deshalb nicht willentlich herbeiführen. Besser ist es, Interviews zu führen, die intensiv und ausführlich genug sind, um zahlreiche Daten zu liefern. Doch auch dann weist die Gliederung am Ende meist einige Schwachstellen auf, also Aspekte, die man zu Beginn nicht vorgesehen hatte und über die die Befragung deshalb zu schnell hinweggegangen ist. Der Forscher muß seine Daten dann nach allen Regeln der Kunst ausschlachten, wie er es auch bei dürftigem Material tun müßte. Und es wird sich herausstellen, daß das eine interessante und lehrreiche Übung ist. Er lernt dabei nämlich, tief unter die Oberfläche der Äußerungen zu blicken und dort Ambiguitäten und Widersprüche herauszuarbeiten, implizite und als selbstverständlich vorausgesetzte Kategorien zu entdecken, die oft genauso sinnträchtig sind wie offensichtlichere Überlegungen rationalen Typs (Boudon, 1990) und die fundamental zur Strukturierung der Persönlichkeit und des Gesellschaftlichen beitragen.

2.4. Die Interpretation

Während sich der Forscher in seine Bänder vertieft (oder die Transkripte liest), trifft er fortwährend Entscheidungen: Er beurteilt, ob die Person ehrlich ist oder nicht, er stellt eine seiner Hypothesen in Frage oder erhält sie aufrecht, er richtet seine Aufmerksamkeit entweder auf die Biographie des Informanten oder auf ein theoretisches Konzept oder auf seine Gliederung etc. Manche dieser Entscheidungen sind organisatorischer Art, andere, und das sind viele, stellen die Entscheidung für eine bestimmte Interpretation dar: Der Forscher bezieht im Hinblick auf ein theoretisches Modell oder die Biographie des Informanten zwischen verschiedenen Interpretationsmöglichkeiten Position. Diese Interpretationen sind unausweichlich; ohne sie ist keine Forschung möglich. Wenn man einen Informanten fragt: »Warum haben Sie das getan?«, wählt dieser eine unter mehreren möglichen Antworten aus. Denn es gibt immer mehrere mögliche Gründe und eine noch größere Zahl versteckter Gründe hinter den offensichtlichen Gründen (Terrail, 1995). Beschränkt sich nun der Forscher auf den Grund, der ihm von seinem Informanten genannt worden ist, hindert er sich selbst daran, Theoriearbeit zu leisten. Stattdessen muß er das Risiko der Interpretation auf sich nehmen: »Das ist der Preis der soziologischen Erkenntnis« (Terrail, 1995, S. 156).

Die Interpretation hat einen paradoxen Status. Denn sie basiert auf der Subjektivität des Forschers und gleichzeitig hängt von ihr die Objektivierung ab, die Konstruktion eines soziologischen Gegenstands, der die Grenzen spontaner Erkenntnis offenbart. Das heißt nun keineswegs, daß ein sehr phantasievoller Forscher notwendigerweise auch ein sehr wissenschaftlicher ist. Denn die Interpretation beruht selten allein auf innerer Intuition und reiner Phantasie; sie ist begründet und leitet sich aus einem bestimmten Analyseraster ab. Eine Hypothese steht darüber hinaus niemals für sich allein, sondern ist eingebettet in ein Gesamtmodell, durch das sie kontrolliert und aufrechterhalten wird und mit dem sie in Wechselwirkung steht. Im übrigen ist gemeinhin das Modell selbst Quelle einer neuen Hypothese, indem es sich mit Fakten konfrontiert sieht, die seine Neuformulierung notwendig machen. Die Interpretation des Forschers beschränkt sich dann auf diese Neuformulierung. In übertriebenem Maße zu freier Interpretation anzuhalten, birgt das Risiko des Subjektivismus (also einer schlecht begründeten Subjektivität). Zu allzu viel Vorsicht zu raten, birgt das gegenteilige Risiko, das derzeit verbreiteter und zweifellos schwerwiegender ist: das Fehlen einer soziologischen Dimension im eigentlichen Sinne. Deshalb wäre es durchaus willkommen, die Interpretation eher zu befreien (Gullestad, 1992) und lieber im Nachhinein Kontrollen durchzuführen. »Bedauerlich ist nicht, irgendwann einmal eine mißbräuchliche Interpretation geliefert zu haben, sondern sich mit ihr zufriedengegeben und ohne weitere Prüfung an ihr festgehalten zu haben« (Messu, 1990, S. 45).

2.5. Das Leben theoretischer Konzepte

Wie die Menschen haben auch theoretische Konzepte einen Lebenszyklus. Je nachdem, ob sie jung sind oder alt, nehmen sie im Prozeß der Konstruktion des Forschungsgegenstands eine unterschiedliche Position ein. Deshalb ist es nützlich zu wissen, in welcher Phase ihrer Geschichte sie sich gerade befinden.

Das größte Durcheinander herrscht während der Geburtsphase: Hypothesen (Ausgangsformen theoretischer Konzepte) erblicken in sehr unterschiedlichen Varianten das Licht der Welt. Da gibt es (was für ein Glück!) die tolle, die umwerfende, die plötzlich da ist, man weiß nicht einmal, woher sie kommt, und die auf ihrem Weg alles ins Wanken bringt (die sich dann aber oft relativ schnell als weniger wichtig erweist und einen eher bescheidenen Platz im Rahmen des Modells einnimmt). Und dann gibt es da die zurückhaltende, die kleine, unscheinbare Randbemerkung, die dann aber, obwohl zunächst unbeachtet, langsam aber sicher in eine Position ersten Ranges vorrückt. Und schließlich gibt es noch die böse, die heimtückische, die das Modell kaputt macht, scheinbar ohne dafür etwas Neues beizutragen (in Wirklichkeit trägt sie schon etwas Neues bei, aber man weigert sich zunächst, es wahrzunehmen, weil noch keine Trauerarbeit im Hinblick auf die alte Hypothese geleistet wurde). Die Jugend der Hypothese verläuft einheitlicher und ist dadurch gekennzeichnet, daß die Hypothese zu ihrer wirklichen Bedeutung und ihrem Platz im Modell findet (diejenige, die eine übertriebene Rolle gespielt hatte, nimmt ihren Ehrgeiz zurück, diejenige, die allzu zurückhaltend gewesen war, gewinnt an Selbstsicherheit). Dies ist also eine Periode der Neuformulierung, der Suche nach der erwachsenen Identität. Das Erwachsenenalter ist das der definitiven Stabilisierung und der Bestätigung dieser stabilisierten Identität, kraft derer aus der einfachen Hypothese im Alter ein theoretisches Konzept wird. Das Konzept verfügt zwar über Stabilität, bleibt aber dennoch bis ins hohe Alter hinein aktiv, ein Werkzeug, das der Forscher bei der Konstruktion seines Gegenstandes zur Hand nehmen kann.

Dann kommt der Tod des theoretischen Konzepts. Dieser bedeutet nicht seine definitive Auslöschung, sondern sein Verschwinden als lebendig und aktiv an der Konstruktion des Gegenstands beteiligtes. Tote Konzepte sind sehr gefragt und auch weiterhin von Nutzen: sie bilden die Kultur, das Gedächtnis einer Disziplin. Folglich sind sie insbesondere in der Lehre sehr präsent. Aber auch (und vielleicht zu sehr) in vielen »theoretischen ›Theorie‹-Büchern, in solchen Theorie-melting-pots, rein theoretischen (also jeder Anwendung fremden) Sammelwerken, die aus einigen berühmten Werken zusammengetragen werden« (Bourdieu, 1992, S. 196).

2.6. Der rote Faden

Auch wenn eine neue Hypothese aufgrund eines gezielten Vorgehens (der Konfrontation des Modells mit neuen Fakten) entsteht, ist dieser Prozeß doch auch immer voller Überraschungen, ja sogar ein wenig verrückt. Dieses Körnchen Verrücktheit kommt daher, daß eine neue Hypothese im Hinblick auf das Ausgangsmodell zunächst so fremd und seltsam erscheint. Daß diese Hypothese Gestalt annehmen konnte, hat sie der Transversalität, der Analogie zu verdanken; die Hypothesenproduktion funktioniert also genau nach der Logik des Hypertexts. Doch eine Hypothese steht niemals für sich allein: sie fügt sich in einen ganzen Strang anderer Hypothesen und Konzepte ein, die zusammen das in Ausarbeitung befindliche Modell bilden. Das Modell seinerseits funktioniert nicht nach der Logik des Hypertexts, sondern im Gegenteil beinahe wie eine lineare Erzählung. Idealerweise muß es auf nachvollziehbare Weise beschrieben werden können.

Die Konstruktion des Forschungsgegenstands resultiert somit aus einem fortwährenden, widersprüchlichen Prozeß: einerseits dem Auftauchen neuer Hypothesen, die das Modell ins Wanken bringen und Umstrukturierungen nötig machen, und andererseits der Neustrukturierung und Stabilisierung des Modells. Inwieweit es zu theoretischer Innovation kommt, hängt von der Fähigkeit ab, Hypothesen hervorzubringen; doch wenn letztere das Modell völlig aus den Fugen geraten lassen, werden sie kontraproduktiv. Dann führt es zu gar nichts, sich immer neue auszudenken. Fazit: die erste Voraussetzung für Innovation ist, die Kontrolle über die Kohärenz der Forschung zu bewahren. Je stabiler sich das Modell erweist, um so eher wird es auch möglich, weniger naheliegende Hypothesen zu formulieren. Wenn das Modell hingegen brüchig ist und Gefahr läuft zu zersplittern, ist der Forscher anstelle von Kreativität zu extremer Vorsicht verurteilt.

Deshalb ist es von zentraler Bedeutung, über reines Ideensammeln (oder zielloses Materialsammeln) hinauszugehen, denn das führt letztlich nur zu Verwirrung. Statt dessen muß für jede neue Hypothese ein präziser Platz im Modell gefunden werden, an dem sie sich gut einfügen läßt und wodurch neue Verknüpfungen entstehen; denn die verstehende Interpretation beruht auf dem Aufzeigen von »Zusammenhängen mit (...) Gesetzmäßigkeiten« (Weber, 1988, S. 300). Deshalb gilt es, die Konzepte – seien es scheinbar unbedeutende autochthone Kategorien oder bedeutende, legitime Paradigmen – fortwährend und in allen möglichen Kombinationen aneinanderzureiben, bis sie sich ineinanderfügen und ein Gesamtbild ergeben.

Ohne einen roten Faden, also eine Reihe von Leitideen, die vermeiden, daß einen das Material überschwemmt oder neue Hypothesen unkontrolliert ins Spiel kommen, ist jedoch keine Forschung möglich. Meine Technik, von Beginn an eine Gliederung zu erstellen, die dann laufend überarbeitet wird, verfolgt genau dieses Ziel: den roten Faden zu bewahren. In einem sehr schönen Abschnitt über die Methodologie Montesquieus spricht Louis Althusser diese Frage der inneren Struktur des Gegenstandes und seiner Leitidee an: »In diese unendliche Masse von Dokumenten und Texten, in dieses immense Erbe an Geschichten, Chroniken, Textauslesen und Sammelbänden, tauchte er einzig und allein ein, um deren Logik zu erkennen, ihren Grund zu erforschen. Er wollte den ›roten Faden‹ dieses Stranges, den die Jahrhunderte verheddert hatten, in der Hand halten und an ihm ziehen, auf daß alles käme. Und alles kam« (1959, S. 1/2).

3. Einige nützliche Hilfsmittel

Wie bringt man die Fakten zum Sprechen? Und wie erkennt man insbesondere die autochthonen Kategorien, die es erlauben, konkret am Modell zu arbeiten? Nachdem wir die allgemeinen Prinzipien der Konstruktion des Forschungsgegenstands in einer verstehenden Logik definiert haben, folgen nun einige praxisbezogenere Beispiele für Hilfsmittel, die zum Einsatz kommen können.

3.1. Ständig wiederkehrende Sätze

Der Mensch ist bis in sein Innerstes hinein von der Gesellschaft seiner Zeit geprägt, und zwar nicht nur durch das, was von außen auf ihn einwirkt, sondern auch durch das, was tief in ihm selbst angesiedelt ist (Elias, 1991). Und es kann ihm passieren, daß er Fragmente des Gesellschaftlichen (Vorstellungen, Bilder, Verhaltensmodelle, Ausdrücke) verinnerlicht, ohne sie zu verdauen, und sie dann später im Rohzustand, also genau so, wie er sie sich einverleibt hat, in seinen Äußerungen enthalten sind. Das ist natürlich ein echter Glücksfall für den Soziologen. Denn wenn er solche Fragmente aufschnappt, blickt er direkt auf das Gesellschaftliche. Besonders interessant daran ist, daß es sich um keinen Zufall handelt, wenn gerade diese nicht oder nur leicht personalisierten Fragmente von Mund zu Mund gehen. Diese Fragmente, die von einem Individuum zum anderen beinahe unverändert weitergegeben werden, verweisen auf unterschwellige, wesentliche Prozesse, die ausschließlich auf diese Weise zum Ausdruck kommen können, nämlich als »Potpourri disparater Inhalte«, auf denen das »common-sense-System« beruht (Geertz, 1987, S. 285). Aus diesem Grund können sie weder besonders personalisiert noch explizit sein: sie werden als Selbstverständlichkeit übernommen und weitergegeben. Im Prozeß der Konstruktion von Wirklichkeit spielen sie eine zentrale Rolle. Denn je banalisierter ein Gedanke ist, je stärker er im Impliziten verhaftet (und gleichzeitig sozialisiert) ist, um so größer ist sein strukturierender Einfluß auf das Gesellschaftliche.

Es sind die banalsten und beiläufigsten Sätze, die gesellschaftlich gesehen die wichtigsten sind. Was die Arbeit des Forschers nicht gerade leicht macht, denn wie lassen sich diese banalen Sätze ausmachen? Mit ein wenig Übung ist das relativ einfach. Denn man begegnet in beinahe aberwitziger Häufung immer wieder denselben Äußerungen zu einem bestimmten Thema. Und vor allem: sie werden bis ins kleinste Detail identisch wiedergegeben, beinahe wortwörtlich. Zu Anfang hört man sie nicht, denn schließlich sind sie genau dafür bestimmt, unbemerkt durchzugehen. Wenn der Forscher aber ganz bewußt darauf achtet, kann ihm diese Wiederholung gar nicht entgehen – und er sollte sorgfältig notieren, daß ihm der Satz zunächst völlig unbedeutend vorgekommen war. Dann wird es darum gehen, diesen Satz zum Sprechen zu bringen, was schon schwieriger ist. Aber immerhin verfügt er jetzt bereits über ein Arbeitsinstrument.

In *Frauenkörper – Männerblicke* habe ich auf diese Weise ungefähr dreißig ständig wiederkehrende Äußerungen gefunden, die mit erstaunlicher Regelmäßigkeit von Mund zu Mund gingen. Diesen Äußerungen begegnete man sogar dann, wenn sie in einem offensichtlichen Widerspruch zur Position des Sprechers oder der Sprecherin standen – ein deutlicher Hinweis auf die enorme gesellschaftliche Durchschlagkraft dieses Mechanismus. Da war zum Beispiel eine Frau, die kein Bikinioberteil trug, aus deren Mund wir aber dennoch einen der Fetisch-Sätze jener Frauen, die etwas mehr auf der Haut tragen, vernahmen: »Mich stört das nicht.« Die jeweilige Bedeutung dieser dreißig Äußerungen ist sehr unterschiedlich und korreliert nicht mit der Häufigkeit, mit der wir ihnen begegnet sind. Die einen spielen lediglich die Rolle eines bequemen Arguments, das gesellschaftlich sehr verbreitet und deshalb ohne großes Nachdenken verfügbar ist, was einem erlaubt, sich nicht allzu viele

Gedanken über tieferliegende Beweggründe zu machen. So tauchte beispielsweise diese fixe Idee der »weißen Streifen« wie ein Leitmotiv immer wieder auf, um die Praxis des Oben-Ohne zu rechtfertigen (und dies mit aller Aufrichtigkeit: so oberflächlich das Argument auch sein mag, es hat sich wirklich in den Köpfen der Sprechenden festgesetzt). Andere sind das Ergebnis einer ganzen Geschichte, über die man eine eigene Untersuchung durchführen könnte. Das war etwa bei dem Hinweis auf das »Brustkrebsrisiko« der Fall. Als die Mode des Oben-Ohne Mitte der sechziger Jahre aufkam, war ein Teil der Bevölkerung hochgradig schockiert von diesem Verhalten, doch man spürte genau, daß man sich nicht offen dagegen aussprechen konnte, wollte man nicht als rückständig stigmatisiert werden. Deshalb wurde die Kritik einfach auf etwas anderes umgelenkt und daraus entstand ein Gerücht: Oben-Ohne führt zu Brustkrebs. Zwanzig Jahre später warnten die Mediziner die Bevölkerung vor den Gefahren des Hautkrebs, wenn man sich übermäßig der Sonne aussetzt. Und plötzlich erlebte das Brustkrebs-Gerücht, das dadurch eine unerwartete Bestärkung erfahren hatte, einen zweiten Frühling. Was macht es schon, daß die Ärzte von Hautkrebs und nicht von Brustkrebs reden – das »Potpourri disparater Inhalte« fürchtet sich nicht vor undifferenziertem Durcheinander. Egal, ob bei den Gegnern, die es nicht wagen, ihre Gegnerschaft einzugestehen, oder bei denen, die Oben-Ohne praktizieren, aber dabei einige Zweifel hegen – überall ist heute wieder vom Brustkrebs die Rede.

Im Rahmen einer deskriptiven Arbeit sind solche ständig wiederkehrenden Äußerungen in jedem Fall von Interesse, denn sie weisen auf eine gesellschaftliche Markierung hin. Doch will man die Prozesse, die hier eine Rolle spielen, nicht nur beschreiben, sondern grundlegend verstehen, dann bekommen manche dieser Sätze eine Bedeutung, die noch viel weitreichender ist. Dafür, wie man die entsprechenden Sätze herausfiltern kann, habe ich kein Rezept – ihrer Form nach sind sie ganz besonders banal. Das einzige Hilfsmittel besteht darin, sie mit dem theoretischen Modell zu konfrontieren. Will man herausfinden, was sie wohl aussagen, muß man die Hypothesen immer im Hinterkopf behalten. In der Regel sind sie übrigens so banal, daß man mit seinem Modell schon ziemlich weit sein muß, um ihren tieferen Sinn verstehen zu können.

In *Schmutzige Wäsche* habe ich die Paare auf meine Frage hin, wie es denn zu ihrer jetzigen Situation gekommen sei, immer wieder sagen hören: »Das hat sich so ergeben« und »Das ist einfach so passiert«. Erst später habe ich verstanden, daß in diesen Sätzen ein zentrales Merkmal der Funktionsweise von Paarbeziehungen zum Ausdruck kommt: ihre implizite Struktur. Ich wollte sie zum Reden bringen, doch ihr Schweigen, das sie diskret durch einen ständig wiederkehrenden Satz explizit machten und das ich zunächst nicht zu hören verstand, war vielsagender. In *Frauenkörper – Männerblicke* habe ich hunderte (vielleicht sogar tausende) Male zu hören bekommen: »Das ist schön« und »Das ist normal«. Auch hier bargen diese banalen Sätze einen reichen Sinn. Schritt für Schritt habe ich verstanden, daß alle sozialen Prozesse im Kontext des Oben-Ohne auf die kollektive Definition einer Norm fixiert waren, welche auf ästhetischen Kriterien basierte. Natürlich ist hier das theoretische Modell, das herausgearbeitet wurde, ungleich raffinierter als die gesammelten Sätze. Aber sie funktionieren wie Hinweise, und ich habe oft bemerkt, daß sie, wenn sie ein klein wenig detaillierter waren, außerdem Informationen und Präzisierungen beisteuerten, die meistens sehr richtig waren. Es waren genau die Worte, derer es bedurfte: logisch und mit dem analysierten Prozeß kohärent.

3.2. Widersprüche

Jeder von uns trägt unzählige kaum kohärente, ja sogar widersprüchliche Persönlichkeitszüge und -strukturen in sich. Der Forscher sollte sich deshalb von dem Eindruck der Einheit und Stimmigkeit, den der Informant in seiner Erzählung vermittelt, nicht täuschen lassen, sondern auf der Hut sein und eine analytische Haltung einnehmen. Schon bald werden dann unterschiedliche Interpretationen der Biographie ins Blickfeld rücken. Denn sobald man sich hinsichtlich eines Lebens tiefergehende Fragen stellt, werden schnell seine Brüche und Unebenheiten deutlich. Die Biographie Arnolds von Brescia (Frugoni, 1993) stellt hierfür ein gutes Beispiel dar. Ausgehend von verschiedenen historischen Quellen rekonstruiert der Autor zehn höchst unterschiedliche Arnaud-Figuren. Ebenso die Porträts, die die Groult-Schwestern von ihrem Vater erstellt haben (Sagalyn, 1988): Flora entwirft gleich mehrere, und Benoîte bekennt, sie sei, je mehr sie darüber nachdenkt, um so weniger in der Lage, zu sagen, wer er wirklich war.

Um zu vermeiden, daß er den allzu schönen Geschichten, die man ihm auftischt, auf den Leim geht, muß der Forscher die Widersprüche in den Diskursen aufspüren. Denn sie weisen darauf hin, daß hier unterschiedliche Logiken am Werk sind, die, sind sie erst einmal entdeckt, beträchtliche Interpretationsspielräume eröffnen und einen Schlüssel für das Verstehen liefern. Dank ihnen wird der Forscher in der Lage sein, die Erzählung zu dekonstruieren und ihren verschiedenen Bestandteilen einen präzisen Sinn zu verleihen. Je nachdem, ob es sich um Widersprüche zum theoretischen Modell oder eher um Widersprüchlichkeiten innerhalb der Biographie handelt, können sie in unterschiedlicher Weise Verwendung finden.

Tauchen Widersprüche zum Modell auf, so stellen sie ein zusätzliches, wirkungsvolles Instrument dar, um die Methode, mittels derer das Theorieraster zur Entschlüsselung des Materials eingesetzt wird, dynamisch zu handhaben. Solche Widersprüche können auf unterschiedliche Sachverhalte hinweisen. Ein Widerspruch kann erstens die Existenz eines strukturell widersprüchlichen gesellschaftlichen Mechanismus anzeigen. So bedienen sich Männer, die nackte Busen betrachten, eines Blickes, der sehr fein ausgearbeitet ist und einen Gegensatz in sich birgt: sie »sehen, ohne (hin-) zu sehen«. Deshalb ist es nur logisch, daß sich die Personen, die von diesem Blick sprechen, pausenlos selbst widersprechen, je nachdem, ob sie gerade den

einen oder den anderen Aspekt, also das Sehen oder das Nicht
(-hin-)sehen, betonen. Zweitens können die beiden Elemente
des Widerspruchs auf unterschiedlichen Diskursebenen angesiedelt sein. So behaupten beispielsweise Frauen, die am Strand
erst noch eine Weile warten, bis sie ihr Oberteil ausziehen, sie
würden sich nicht umsehen, dabei schauen sie in Wirklichkeit
ganz genau hin, aber gestehen es sich selbst nicht ein. Sie sind
aufrichtig davon überzeugt, daß sie nicht herumschauen – dies
entspricht schließlich der offiziellen Strandmoral. Deshalb antworten sie verneinend, wenn ihnen der Interviewer Fragen allgemeiner Art stellt (die bewirken, daß automatisch der allgemeine moralische Grundsatz formuliert wird). Wenn er jedoch
präzise Fragen stellt, führt das dazu, daß kognitive Ebenen offen
gelegt werden, die normalerweise zurückgedrängt werden, und
die Antwort fällt völlig anders aus. Der dritte und letzte Fall eines Widerspruchs, der sich im Zusammenhang mit dem Modell
auftun kann, ist folgender: Individuen werden nicht in großen,
genau begrenzten und stabilen Rollen sozialisiert, sondern pen-
deln fortwährend innerhalb eines ganzen Bündels von Rollen
hin und her, wodurch Sozialisationsrahmen aufeinandertreffen,
die sich gleichzeitig sehr nah sind und sehr stark voneinander
unterscheiden. Wenn beispielsweise Frauen über ihren Körper
reden, nehmen sie auf drei Aspekte Bezug, unter denen er präsentiert werden kann: die Banalisierung, die Sexualität und die
Schönheit. In vielen Interviews fand ein ständiges Hin- und
Hergleiten zwischen diesen drei Präsentationstypen statt; nicht
selten brachte der Beginn eines Satzes die eine Rolle und sein
Ende die andere zum Ausdruck. Wenn es dem Forscher gelingt,
dieses Hinübergleiten der Person von einer Rolle in eine andere
nachzuvollziehen, dann eröffnet ihm das die Chance, den versteckten Sinn ihrer scheinbar wirren Äußerungen zu verstehen.
   Die Widersprüche können aber auch spezieller sein und sich
allein auf eine Lebensgeschichte beziehen. Doch auch diese sind
nicht zu vernachlässigen, denn sie stellen ein wirkungsvolles
Analyseinstrument zur Verfügung. Nehmen wir zum Beispiel
die Geschichte von Sabine und Romain aus *Schmutzige Wäsche*.

Wie viele Jugendliche hatte Sabine gegen das Bild der Frau als »Hausmütterchen« revoltiert. Im Laufe unserer Untersuchung hatte sich ein gesellschaftliches Modell der jugendlichen Auflehnung gegen das Häusliche herauskristallisiert, in das Sabine bestens hineinpaßte und ausgehend von dem ihre Geschichte ohne Schwierigkeiten gelesen werden konnte. Und doch war ihr persönlicher Fall komplexer. Ihre Eltern hatten sich früher oft gestritten, wobei der Vater seiner Frau Nachlässigkeit vorwarf, und Sabine hatte immer für ihn Partei ergriffen. Um ihm eine Freude zu machen, hatte sie das Haus aufgeräumt und auf diese Weise indirekt ihre Mutter kritisiert. Ergebnis: sie hatte zwei völlig gegensätzliche Lebensmodelle im Kopf. Auch Romain hatte in Sachen häusliche Sauberkeit zwei unterschiedliche Modelle im Kopf. Er war in einer Atmosphäre aufgewachsen, in der alles »wie geschleckt« war und hatte Gefallen daran gefunden; doch seine Mutter hatte ihm nicht im geringsten beigebracht, wie die Dinge zu erledigen waren, und er hatte auch wenig Lust dazu – trotz seiner egalitären Erklärungen.

Welches Modell würde die Oberhand gewinnen, wenn Sabine und Romain in eine gemeinsame Wohnung zögen? Die Zukunft war in ihrem Fall sehr offen, und tatsächlich ist ihre Geschichte eine Geschichte von Veränderungen und Neuanfängen. Zunächst war Sabine einen Monat lang von einem regelrechten Haushaltsfieber ergriffen, was Romain kritisierte, der vor dem Hintergrund seiner politischen Überzeugungen hinsichtlich des Verhältnisses zwischen Männern und Frauen ein schlechtes Gewissen hatte, sich aber dennoch nicht entschließen konnte, ihr zur Hand zu gehen. Schließlich gelang es ihm, seine eigene Sichtweise durchzusetzen, und sie kamen überein, eine Art deklarierte Unordnung zu praktizieren: »Es ist besser, ein lebendiges Haus zu haben« – eine oberflächliche Einigung, der zutiefst gegensätzliche Logiken innewohnen. Zum Zeitpunkt der letzten Interviewrunde waren sie gerade dabei, diese Einigung umzusetzen (ohne es allzu offen zuzugeben, träumt Romain von einer Frau, die ihn verwöhnt und umhegt, und Sabine, die diese Erwartung vage wahrnimmt, ist unfähig, ihr zu widerstehen).

Ihre Geschichte weist also, je nachdem, welches der widersprüchlichen Modelle gerade die Oberhand hatte, verschiedene Brüche auf. Auf den ersten Blick mögen die Äußerungen Sabines und Romains zusammenhanglos und konfus erscheinen, und man könnte den Eindruck gewinnen, daß sie je nach Frage, angesprochenem Kontext und augenblicklicher Gefühlslage von einer These zur nächsten springen. Der Forscher könnte dazu verleitet sein, alle Unebenheiten ihres Diskurses zu glätten, um eine dominante Logik herauszuarbeiten. Doch wenn er in diese Falle tappt, geht er an ihrer Lebensgeschichte vorbei (die zu einem bestimmten Zeitpunkt dominante Logik ist nicht unbedingt die wichtigste). Er trägt zwar Material zusammen, bringt sich aber um die Aspekte, die diesem Material Sinn verleihen. Vor allem aber bringt er sich um seine eigenen Analyseinstrumente und seine Fähigkeit zu Distanzierung und theoretischer Arbeit. Stellt er hingegen jedes Fragment wieder an seinen genuinen Platz innerhalb des biographischen und sozialen Prozesses zurück, kann er die unterschwelligen Mechanismen erkennen, die Sabine dazu bewegen, bei einer Gelegenheit das eine und bei einer anderen etwas ganz anderes zu sagen. Auf diese Weise kann er Zugang zu ihrem Denksystem erlangen, noch die kleinsten Variationen ihrer Sätze einzuordnen wissen und wird in die Lage versetzt, sie besser zu verstehen als sie sich selbst versteht.

3.3. Ständig wiederkehrende Widersprüche

Bildet der Forscher nun die Schnittmenge aus den aufgedeckten Widersprüchen und den ständig wiederkehrenden Sätzen, dann erlebt er das Glück, einen wahren Schatz zu entdecken: die zugleich widersprüchlichen und ständig wiederkehrenden Sätze. Diese Sätze stellen ein enorm nützliches Analyseinstrument dar, denn sie verweisen sehr oft auf einen Prozeß von zentraler Bedeutung.

In *Schmutzige Wäsche* war es dieser Schlüsselsatz, der von Mund zu Mund ging: »Ich sage mir immer: ›Ich muß doch blöd sein‹, aber ich kann nicht anders«. Dieser Satz verweist auf den Kern des theoretischen Gegenstands, und dies in Begriffen, die sich als sehr richtig erweisen sollten, als das Modell ausgearbeitet und es dadurch möglich war, den ganzen Sinn dieser Worte zu verstehen. »Ich sage mir, ›Ich muß doch blöd sein‹« bringt die bewußte Reflexionsebene zum Ausdruck: Ich müßte ihn machen lassen, auch wenn er es nicht meinen Vorstellungen entsprechend macht und ich dann genervt bin, aber das wäre die einzige Möglichkeit, um zu erreichen, daß unsere häusliche Arbeitsteilung Fortschritte macht. »Aber ich kann nicht anders«: mein Körper ist anderer Meinung, er kann es nicht sein lassen, denn er ist Träger einer ganzen Geschichte, die mich zum Handeln bewegt, selbst wenn mein Kopf ihm sagt, er soll das nicht tun. An diesen Wechselbeziehungen zwischen Explizitem und Implizitem, zwischen Überzeugungen im Kopf und inkorporiertem historischem Gedächtnis, konnte dann das gesamte theoretische Modell festgemacht werden. Der ständig wiederkehrende Widerspruch, der ursprünglich als Hilfsmittel zum Entdecken neuer Aspekte gedient hatte, wurde so zu einem zentralen Element der Beweisführung und Illustration.

In *Frauenkörper – Männerblicke* war die Wiederholung noch ausgeprägter und wortgetreuer. Denn die große Mehrheit der dreihundert befragten Personen wiederholte in der Tat genau denselben Satz: »Jeder kann tun, was er will, aber ...« Auch hier brachte der erste Teil des Satzes die explizite Ebene zum Ausdruck, hier wurden allgemeine Prinzipien verkündet: wir sind eine freie und demokratische Gesellschaft, jeder sollte tun und lassen können, was er will. Aber eine Gesellschaft kann nicht ohne Normen funktionieren. In demokratischen Gesellschaften (im weitesten und nicht nur im politischen Sinne) sind die Individuen dazu aufgefordert, ihre Werte frei zu wählen und sich selbst ihre Identität zu konstruieren, und sie haben hierfür offiziell auch alle Freiheiten. Normen müssen deshalb heimlicher und unausgesprochener Natur sein oder können nur in Form eines undeutlichen Murmelns formuliert werden. Und tatsächlich formulierten die Leute im zweiten Teil des Satzes undeutlich murmelnd und voller Bedauern alle möglichen Einschränkungen dieses kurz zuvor postulierten allgemeinen Freiheitsprinzips. Darüber hinaus zeigte sich, daß es sich hier um Einschränkungen handelte, die strikt zu beachten waren und einen ganz genauen Rahmen dessen absteckten, was zu tun normal war und was nicht – bei weitem nicht jeder kann tun, was er will. Aufgrund dieser Beobachtungen formulierte ich das Modell einer (notwendigerweise) doppelbödigen Sprache in demokratischen Gesellschaften. Wieder einmal war eine entscheidende Spur vollständig in einem einzigen Satz enthalten.

V. Die Arbeit beenden

1. Der Zeitplan

1.1. Die Sättigung des Modells

Ebenso wie die Hypothesen einen Lebenszyklus durchlaufen, reift auch das theoretische Modell Schritt für Schritt heran. Dieser Prozeß läßt sich anhand leicht beobachtbarer Tatsachen verifizieren: das Modell verfestigt und »erhärtet sich« (Strauss, 1992, S. 293) und es gerät durch neue Hypothesen immer weniger ins Wanken. Der Forscher erfährt immer weniger Neues und konzentriert sich nun darauf, die Fundiertheit seines Modells zu überprüfen. Man kann dies die Sättigungsphase nennen. Diese Entwicklung geht ganz unwillkürlich, ohne das Zutun des Forschers, vonstatten. Irgendwann »entdeckt« er einfach nur noch Informationen, die er schon so genau kennt, daß er sich ärgerlicherweise zu langweilen beginnt. Diese wachsende Langeweile sollte so gut es geht bekämpft werden. Denn diese Phase der Auswertung des gesättigten Materials ist unumgänglich und Voraussetzung dafür, die Ergebnisse überprüfen zu können und herauszufinden, ob und inwiefern sie verallgemeinert werden können.

Der Prozeß der Sättigung läuft folgendermaßen ab: Unter all den Hypothesen, die zunächst einmal richtungslos auf den Plan treten, kristallisiert sich relativ schnell eine etwas stabilere Gruppe heraus (die in der Regel einen Bezug zur Ausgangsfrage hat). Ausgehend von diesem Kern schreitet die Sättigung dann in konzentrischen Kreisen voran. Um einen sich immer mehr erhärtenden Kern herum werden neue Hypothesen angeordnet, schrittweise gefestigt und schärfer profiliert. Diese Profilierung erlaubt es, das Lektüreraster zu verfeinern und festzulegen. Nachdem die Ideen in einem ersten Stadium nur so überflossen (ganz zu Anfang fehlt es sogar oft an jeglicher Art von Leitlinien; das Material führt in alle möglichen Richtungen), erlaubt das Lektüreraster nun ein immer selektiveres und zielgerichteteres Anhören der Tonbandaufzeichnungen. Das kann dazu führen, daß der Forscher anfängt, sich zu langweilen. Nun gibt es eine einfache Methode, diese Langeweile zu bekämpfen. Obwohl das Modell gesättigt ist, können immer noch Variationen und Gegenbeispiele auftauchen, die in diesem Stadium praktisch die Gesamtheit der neuen Informationen ausmachen. Deshalb gilt es, genau hinzuhören, um das Modell weiter präzisieren zu können, es aber auch weiterhin in Frage zu stellen. Die Sättigung beruht zwar auf der schrittweisen Akkumulation von immer klareren (und miteinander verknüpften) Gedanken, doch dieser Prozeß folgt keineswegs einem gleichmäßigen Rhythmus. Es kann sein, daß der eine Tag fast nichts Neues bringt, während sich am Tag darauf alles ändert. Der Forscher ist niemals vor einem Gegenbeispiel sicher, das im letzten Augenblick noch einmal eine grundlegende Neuformulierung der zentralen These nötig macht.

Er sollte sich also möglichst nicht auf der erreichten Sättigung ausruhen, sondern sie einer ständigen Überprüfung unterziehen, sein Verhalten der jeweiligen Entwicklung anpassen und Entscheidungen treffen. Sollte ihm diese Phase jedoch wirklich zu langatmig, das Material so üppig und das Modell so gut wie definitiv erscheinen, kann er die Phase auch abkürzen. Die dadurch frei gewordene Zeit sollte er dann für einen anderen Aspekt der Konstruktion des Forschungsgegenstands verwenden. Wenn er sich hingegen in manchen Punkten noch unsicher ist, dann sollte er unbedingt weitermachen und versuchen, die Verfestigung voranzutreiben. Solche Entscheidungen können jedoch nicht auf die Sekunde genau vorprogrammiert werden. So hatte beispielsweise das Modell in *Frauenkörper – Männerblicke* im Vergleich zu *Schmutzige Wäsche* bereits einen hohen Sättigungsgrad erreicht und doch kam ich noch in letzter Sekunde plötzlich auf die Hypothese der zugleich laxeren und doch mehr Zwang ausübenden Emotionskontrolle (eine Weiterentwicklung der Theorie von Norbert Elias). Ich konnte dieser Hypothese dann leider nicht mehr den zentralen Stellenwert in meiner Forschungsarbeit einräumen, der ihr eigentlich gebührt hätte.

1.2. Die Umkehrung der Haltung des Forschers

Die Kontrolle über den Forschungsprozeß zu bewahren ist um so wesentlicher, als der Forscher seine Haltung zwischen Anfang und Ende der Forschungsarbeit radikal verändert. Zu Beginn ist er, ausgerüstet mit seiner Ausgangsfrage, beim Anhören des Materials vollkommen offen und bereit, sich zunächst einmal selbst auf die abwegigsten Hypothesen einzulassen; am Ende hingegen hört er die Bänder nur noch an, um sein Modell abzurunden und an dessen innerem Aufbau und den vorgenommenen Verknüpfungen zu feilen. Zu Beginn verfolgt er alle möglichen Querverbindungen und läßt den Forschungsgegenstand auch in völlig unerwartete Richtungen driften; am Ende trennt er ihn von allem, was nicht zu ihm paßt, und konstruiert ihn als autonomes Produkt. Am Anfang zögert er auch nicht, seine ersten Modellentwürfe wieder zu verwerfen – diese erste Phase ist ein einziges geistiges Brodeln voller Erfindungsdrang und ein Revoltieren gegen althergebrachte Denkweisen. Am Ende hat er eher die Mentalität eines zufriedenen Besitzers, der liebevoll die Details des konstruierten Forschungsgegenstands blank putzt. Diese Entwicklung ist notwendig. Nachdem man auf der Grundlage einer Dekonstruktionsarbeit eine neue Theorie entwickelt hat, muß das Ganze nun in der letzten Arbeitsphase erhärtet und abgeschlossen werden. Denn die beste Vorbereitung des Gegenstands auf seine Auslieferung an die Leser besteht darin, ihn in einem möglichst abgeschlossenen Zustand preiszugeben. Nachdem sich der Forscher zunächst persönlich und emotional eingebracht hat, muß er nun die Spuren dieser Erregung, die dem Ganzen einen konfusen Charakter verleihen könnten, beseitigen, seine Zweifel, sein Zögern und seine Wut im Zaum halten. Und er muß letzte Hand anlegen an die radikale Objektivierung: der Gegenstand gehört ihm nun nicht mehr und muß sein eigenes Leben leben.

1.3. Ein letzter Geistesblitz

Die Sättigung ist kein Prozeß, der gleichmäßig verläuft. Oft hält gerade die Endphase einer Arbeit eine Überraschung bereit. Alles schien definitiv erhärtet und gefestigt, und da entdeckt man beim Redigieren des Textes, beim Aneinanderreihen der Argumente, plötzlich Lücken im Material oder bekommt unerwartet eine Karteikarte wieder in die Hände, die ein wenig in Vergessenheit geraten war – Entwicklungen, die noch einmal eine letzte theoretische Anstrengung nötig machen. Darauf sollte der Forscher gefaßt sein und die dafür nötige Zeit in seinem Zeitplan reservieren: das Redigieren des Textes ist keine reine Schreibarbeit. Das Material, das auf den Karteikarten manchmal sehr schnell und mit nur rudimentären Ideen im Kopf kommentiert worden ist, wird im Augenblick des Redigierens eines Textes unter einem ganz anderen Blickwinkel wieder hervorgeholt. Die Instrumente für das Verstehen und Entschlüsseln dieses Materials sind inzwischen herangereift und leistungsfähiger geworden. Da ist es nur natürlich, daß auch neue Interpretationsmöglichkeiten auf den Plan treten. Auch für diejenigen, die mit einem Fragebogen arbeiten, ist die Situation dieselbe: Die Lektüre der Tabellen darf sich nicht mit einem rein technischen Anspruch begnügen, sondern muß die soziologische Argumentation auf der Zielgeraden weiter befruchten (de Singly, 1992). Trotz aller Bemühungen, diese Endphase vorzubereiten, kommt es immer wieder vor, daß einem erst in diesem Augenblick die zentralen Gedanken kommen, die sich dann überall einschleichen und unausweichlich aufdrängen. Sie zu verjagen versuchen, weil sie das Ganze noch einmal durcheinanderbringen, hilft da wenig (Mills, 1973). Ideal für die Endphase ist jedoch eine gemäßigte, ruhige und auf die Details ausgerichtete Theoriearbeit, die den über einen längeren Zeitraum ausgearbeiteten Aufbau respektvoll behandelt. Der Forscher sollte sich nicht zu jedem beliebigen Augenblick von neuen Hypothesen mitreißen lassen.

1.4. Das Ordnen der Karteikarten

Auch beim Ordnen der Karteikarten ist das Verfahren nur scheinbar ein rein technisches. Auf den ersten Blick scheint die Sache einfach zu sein: Es genügt, die Karten nach Kapiteln, dann nach Unterkapiteln und Abschnitten zu ordnen, und schon hat man das nötige Material in der Hand, um beim Schreiben jedes Teiles entsprechend argumentieren und die Argumente illustrieren zu können.

Tatsächlich aber gibt es ganz unterschiedliche Arten und Weisen des Ordnens. Natürlich kann man die Sache im Eiltempo hinter sich bringen, also in aller Schnelle das Thema der jeweiligen Karte identifizieren und sie dem entsprechenden Kapitel zuordnen (wenn es sich um eine rein deskriptive Arbeit handelt, sollte man in der Regel tatsächlich so vorgehen). Früher hat mich diese Arbeit kaum einen halben Tag gekostet. Doch ich habe gelernt, daß die Methode, die Karten einfach ihrem offensichtlichen Thema nach zuzuordnen, nicht immer die beste ist. Vor allem, wenn der Gegenstand auf einem theoretischen Modell basiert, können die Karten mehrere Zugänge ermöglichen. Sie können das Thema deskriptiv illustrieren, sie können aber auch an einem ganz anderen Ort und auf sehr viel wirkungsvollere Weise eingesetzt werden, indem sie das Material für eine theoretische Argumentation liefern. Deshalb ist es äußerst gewinnbringend, beim Zuordnen der Kärtchen anhand einer bewußt bilderstürmerischen Lektüre vorzugehen, sich die Änderungen in der Gliederung vorzustellen, zu denen eine unvorhergesehene Zuordnung führen könnte, und sich die nötige Zeit zu nehmen, um nicht zu schnell die entsprechend ihrer offensichtlichen Themen zusammengestellten Pakete zu schnüren. Die Qualität der Argumentationen und die innere Logik des Gegenstands, aber auch die theoretische Dimension hängen in hohem Maße von dieser Phase ab (werden die Karteikarten nur unter einem deskriptiven Aspekt nach Themen geordnet, wird der Gegenstand zwangsläufig eindimensional). Inzwischen nehme ich mir für diese Arbeit ungefähr eine Woche Zeit.

2. Die Ästhetik des Objekts

2.1. Die Kunst der Verpackung

Der Begriff des Objekts, der in der Soziologie häufig verwendet wird, bezieht sich auf den Prozeß der Objektivierung: das Objekt konstruieren bedeutet, mit den subjektiven Wahrnehmungen und dem Alltagsdenken zu brechen. Um zu diesem Ergebnis zu gelangen, führt der Forscher eine Untersuchung durch, schließt sein Modell in der Endphase ab und hält die getane Forschungsarbeit schriftlich in einer in sich abgeschlossenen Studie fest. Mit anderen Worten: er produziert im wahrsten Sinne des Wortes einen Gegenstand – ein formales, ja sogar physisches Objekt in Gestalt eines geschriebenen Textes. Auf den folgenden Seiten werde ich, um diesen formalen Gegenstand zu bezeichnen, vom ›Objekt‹ reden, was manche sicher erstaunen wird, die es gewohnt sind, diesen Begriff einzig in dieser (oft abstrakten) Bedeutung der Objektivierung zu verwenden. Laufe ich damit also nicht Gefahr, Verwirrung zu stiften? Ich glaube nicht, und dies aus einem einfachen Grund: Daß diese beiden Bedeutungen in der Endphase der Forschungsarbeit zusammenfallen, scheint mir kein Zufall zu sein, vielmehr stellt die Produktion des formalen Gegenstands ein wesentliches Element des Objektivierungsprozesses dar.

Um die Arbeit, die mit einer Forschung verbunden ist, zu beschreiben, benutze ich gerne das Bild eines Künstlers – sagen wir eines Bildhauers, der den Ton zu einer Plastik formt. Der Forscher ist keiner von denen, die Tag für Tag in aller Ruhe einfach immer mehr zusammensammeln, sondern wie der Bildhauer seinen Ton, so bearbeitet auch er fieberhaft sein Material und versucht, ihm eine Form zu geben und die Tür zu neuen Wahrnehmungen zu öffnen. Seine Kunst hängt wesentlich von seinem persönlichen theoretischen Beitrag ab, aber dieser muß auch überzeugend und gut konstruiert sein und perfekt dargelegt werden. Ohne die innere Harmonie des Objekts und ohne die Arbeit an der Form kann am Ende keine gute Forschungsarbeit herauskommen.

Diese beinahe künstlerische Arbeit beginnt bereits mit der Ausgangsfrage und dem Herausarbeiten einer Gruppe zentraler Hypothesen – beides wesentliche Elemente, die mitbestimmend sind für die Überzeugungskraft des Objekts. Besonders wichtig werden ästhetische Aspekte jedoch in der Endphase, insbesondere für die Schließung und Abrundung des Modells. Denn in dieser Phase geht es darum, das Ganze auszutarieren, Lücken zu schließen, und da, wo etwas hakt, die Argumentation zu glätten. Und schließlich beherrschen formale Anforderungen natürlich auch das Redigieren des Textes.

Die Kunst des Verpackens, des Einpackens, ist nicht zu vernachlässigen. Sich nicht um eine adäquate Präsentation zu kümmern, kann durchaus heißen, die Errungenschaften der bisherigen Arbeit aufs Spiel zu setzen. Umgekehrt kann eine gute Verpackung am Ende so manchen Mangel wiedergutmachen. Es gibt sogar (aber dies ist nun wirklich kein Ideal, dem man nacheifern sollte) Verpackungskünstler und Schreibspezialisten, die es verstehen, einen mit ihrem Können so zu blenden, daß man nicht einmal bemerkt, daß das Paket leer ist.

2.2. Die innere Struktur

Zwei Elemente tragen zur Schönheit eines wissenschaftlichen Objekts bei. Es sind zum einen die eher spezifisch ästhetischen Aspekte der Redaktion und Darstellung, die in der Endphase fortwährend präsent sind, und zum zweiten die innere Struktur, der theoretische Kern, die Qualität der Verknüpfungen und Argumentationslinien, die Logik und Kohärenz der Gedankengänge. Der zweite Aspekt befindet sich genau am Schnittpunkt der beiden Bedeutungen des Wortes ›Objekt‹: eine schöne Forschungsarbeit ist diejenige, der es gelingt, zu einem gleichzeitig neuen und gut konstruierten Ergebnis zu gelangen; der innere

Aufbau trägt gleichermaßen zur Schönheit des Objekts und zur wissenschaftlichen Objektivierung bei.

Zu Beginn hat der Forscher lediglich ein paar Fragen, einige Hypothesen; dann vergrößert sich sein Kapital von Tag zu Tag. Er sollte sich jedoch auf keinen Fall damit begnügen, einfach nur Material zu sammeln; das wichtigste ist vielmehr die Arbeit an den Verknüpfungen der Hypothesen. Er muß sie miteinander verbinden, sie in ein Modell einfügen und mit Hilfe dieses Bemühens zu neuen Hypothesen auf einer höheren Ebene gelangen. Und er muß Hierarchien bilden. Das ist nicht immer einfach; so manche Entscheidung droht einen zu zerreißen. Doch wenn er es nicht tut, bildet sich ganz von selbst eine Hierarchie. Deshalb ist es besser, diesen Prozeß zu lenken. Jede Hypothese nimmt eine mehr oder weniger hohe Position in der Hierarchie ein. Von den jeweiligen Positionen der einzelnen Hypothesen hängt der Gesamtaufbau ab: Um die zentralen Hypothesen herum gruppieren sich sekundäre Hypothesen und noch weiter außen die Detailhypothesen. Durch die schrittweise Aufwertung der zentralen Konzepte verfestigt sich das Modell (Strauss, 1995). Im Laufe der Untersuchung wird das Modell zugleich einfacher und komplexer (Michelat, 1975); die Stärkung der zentralen Konzepte macht es klarer, während gleichzeitig immer mehr Variationen in bezug auf Details gesammelt werden.

Hier ist der Forscher aufs Neue mit einer zentralen Entscheidung konfrontiert. Er kann den Schwerpunkt entweder auf die zentralen Konzepte oder auf die Variationen in den Details legen. Je nachdem, wofür er sich entscheidet, wird die Forschungsarbeit am Ende völlig unterschiedlich aussehen. Führt man zum ersten Mal eine Forschung durch, ist man sich dieser Alternativen selten bewußt. Meistens läßt sich der Studierende in die eine oder andere Richtung tragen – in der Regel in diejenige der deskriptiven Variationen. So kann es geschehen, daß an sich gut durchgeführte Untersuchungen sich schließlich in unendlichen Aufzählungen von Details verlieren. Um gegen diese Gefahr anzugehen, ist es von größter Wichtigkeit, Hierarchien zu bilden und die Aufmerksamkeit auf die zentralen Konzepte zu lenken. Sie spielen die Hauptrollen, und der Rest findet in Abhängigkeit von ihnen seinen Platz im Modell.

Nachdem man also die zentralen Konzepte in den Mittelpunkt gerückt hat, stellt sich nun die Frage, wie man sie präsentieren soll. Wie das Modell, so werden auch die zentralen Konzepte, nachdem sie immer wieder in Frage gestellt und in alle Richtungen durchgegangen und aneinander gerieben wurden, anschließend geglättet und abgeschlossen, um dann in ihrem besten Licht und so gefestigt wie möglich präsentiert zu werden. Die Schließung der theoretischen Konzepte muß mit Vorsicht gehandhabt werden; sie muß zwar eindeutig sein, sollte aber auch nicht übertrieben werden. Ein Konzept zu schließen bedeutet, daß der Forscher es nicht länger als eine Hypothese betrachtet, sondern daran glaubt, keine Zweifel mehr hegt und versucht, auch seinem Lesepublikum diesen Glauben nahezubringen. Doch kann man hier auch zu weit gehen, und dann wird aus Glaube Fanatismus und Fetischismus. Zu erkennen sind solche Fälle daran, daß der Forscher nur noch in Form ritueller Formeln, die ihm eine magische Funktion verleihen, über sein Konzept spricht – er ist in die Falle seiner eigenen Worte getappt. Dem Leser fällt es in der Regel schwer, ihm auf diesem Weg zu folgen, und dies um so mehr, als die Verwendung magischer Formeln dem Forscher häufig die Chance eröffnet, sich darum zu drücken, eine echte Argumentation zu entwickeln. Wenn solche magischen Formeln an die Stelle einer Argumentation treten, hat die Forschung nichts Wissenschaftliches mehr.

Richtig ist es, fest, aber nicht fanatisch, fetischistisch oder dogmatisch an seine zentralen Konzepte zu glauben. Man muß versuchen, sie durchzusetzen, sonst ist die Konstruktion des Modells nicht möglich. Und es muß einem gelingen, den Leser so weit von seinen Konzepten zu überzeugen, daß die Argumente, auf denen sie beruhen, nicht ständig aufs neue entwikkelt werden müssen. Doch auch hier darf man nicht zu weit gehen. Eine gute Methode, um zu kontrollieren, daß man das richtige Maß nicht überschreitet, besteht darin, das Konzept in einem sehr konkreten Stil zu redigieren, der sich stark an die diskutierten Fakten und Gedanken hält. Dabei sollte man von Zeit zu Zeit und wenn es nötig ist andere Begriffe verwenden. Ein solches lebendiges Redigieren schwächt das Konzept nicht, sondern beweist im Gegenteil seinen operativen Charakter und bezieht es auf präzise und wirkungsvolle Weise in die Argumentation mit ein.

2.3. Die Montage

Der Argumentationsfaden ist gleichermaßen für die wissenschaftliche Qualität und für die Schönheit der Forschungsarbeit von zentraler Bedeutung. Er ist sozusagen der Nachfolger des roten Fadens, der als Leitlinie für die Auswertungen und die Problemdefinition gedient hatte. Am Ende sollte er sich dergestalt konkretisieren, daß der gesamte Text aus einem Guß ist. Ein schlüssiger Argumentationsfaden basiert auf einer bestimmten Reihenfolge, in die die Hypothesen gebracht worden sind (insbesondere im Zuge der Ausarbeitung der Gliederung und des Ordnens der Karteikarten) und auf deren Grundlage er nicht mehr wie ein Hypertext funktioniert (was für den Leitfaden während der Ausarbeitung der Hypothesen der Fall war), sondern wie eine Erzählung. Idealerweise sollte man einen Forschungsbericht schreiben wie einen Roman. Der rote Faden wäre dann keine Geschichte, sondern eine Reihe von Argumenten, die in perfekter Weise miteinander verknüpft, gleichzeitig aber voll von Überraschungen und unerwarteten Wendungen sind. Die Schwierigkeit ist, die für einen linearen Text notwendige Gradlinigkeit in das Ganze zu bringen, während zwischen den Hypothesen doch eigentlich alle möglichen Wechselbeziehungen bestehen. Das bedeutet, daß man in der Endphase viele dieser Querverbindungen so weit wie möglich vergessen und die Einfachheit und Linearität des zentralen Argumentationsstrangs in den Vordergrund rücken muß, denn davon hängt die Überzeugungskraft der Argumentation ab.

Abschweifungen vom Thema, einfach nur so Dahingesagtes, Sprünge im Text und Teile, die unverbunden nebeneinander stehen, müssen unbedingt vermieden werden. Auch hier geht es einmal mehr nicht darum, einfach nur möglichst viel anzusammeln; oft ist es sogar besser, einen Teil, der sich nicht in das Ganze einfügt, wegzulassen oder ihn in den Anhang zu verbannen. Eine weitere wichtige Qualität: ein einheitlicher Schreibstil. Einer der häufigsten Fehler besteht in der Sandwich-Schreibweise: eine Scheibe Theorie, eine Scheibe empirisches Rohmaterial. Je mehr der Text aus solchen Scheiben gemacht ist und je dicker die einzelnen Scheiben sind, desto größer ist die Gefahr, daß der Forschungsbericht mißlingt. Die Theorie wurde nicht als Werkzeug eingesetzt und das empirische Material nicht zum Sprechen gebracht. Stattdessen gilt es, theoretische Konzepte und empirisches Material im Argumentationsfaden fein zu verweben, so daß sie sich gegenseitig durchdringen.

Auch im Hinblick auf die Verwendung des Interviewmaterials besteht der häufigste Fehler in der Sandwich-Schreibweise: eine Scheibe Interviewauszug, eine Scheibe Kommentar. Und auch hier gilt: je dicker die Scheiben, um so größer die Gefahr des Mißlingens. Es geht also auch hier darum, alles möglichst fein zu verweben und den Interviewkommentar (der noch dem Informanten unterworfen ist) durch den Argumentationsfaden zu ersetzen (der die Kontrolle über das Material hat und es bewußt einsetzt). Das zentrale Hilfsmittel gegen ein Mißlingen der Arbeit an diesem Punkt ist die theoretische Fragestellung. Läßt sich der Forscher beim Verfassen des Forschungsberichts ganz von seinen Hypothesen leiten und hält sich an den Argumentationsfaden, dann wird er sich von seinem empirischen Material nicht auf Abwege bringen lassen.

Ein weiterer Aspekt ist eher technischer Art. Man sollte die Interviewauszüge, die man zitiert, in kleine Abschnitte unterteilen. Relativ oft sieht man Auszüge, die zehn Zeilen, eine ganze Seite oder sogar noch länger sind. Man kann das durchaus so machen, wenn man das Interview einfach nur als Illustration verwendet. Will man es aber, wie im Fall des verstehenden Interviews, als Werkzeug für die Theoriebildung einsetzen, sollte man das vermeiden. Denn meistens findet man bereits innerhalb von drei oder vier Zeilen eines Interviewtranskripts mehrere Gedanken und subtile Variationen von einem Wort zum anderen. Ein zu langer Auszug zerreißt zwangsläufig den Argumentationsfaden, weil zu viele neue Elemente einfließen, die vom Forscher dann auch kommentiert werden müssen. Die Lebensgeschichte des Interviewten steht also beim Verfassen des Textes in einer ständigen Konkurrenz zum theoretischen Diskurs des Forschers (Bertaux, 1988). Ist der Forscher nicht bereit, Schnitte zu setzen, gewinnt die Lebensgeschichte die Oberhand, was all seine Theorie-Hoffnungen ruinieren wird. Vorzuziehen ist es deshalb, erbarmungslos auszuwählen, nur das zu nehmen, was für die Argumentation genau dort, wo sie sich gerade befindet, unbedingt notwendig ist, selbst wenn das bedeutet, Sätze abzuschneiden und nur drei Worte daraus zu nehmen. Das ist übrigens der Grund dafür, daß ich oft lieber ein Stück Lebensgeschichte selbst erzähle (mit einigen Zitaten zur Illustration) als sie vollständig im Rohzustand zu zitieren. Denn wenn ich an einem bestimmten Punkt meiner Argumentation eine Geschichte verwende, um etwas ganz Bestimmtes zu zeigen, gibt es dazu immer auch noch an anderen Stellen des Tonbandes interessante Dinge. Sich dann auf einen bestimmten Interviewauszug zu beschränken, würde bedeuten, auf diese Reichhaltigkeit des empirischen Materials zu verzichten. Ich ziehe es also vor, zu einem bestimmten Punkt immer gleich alles anzuführen, was ich weiß und interessant finde. Ein weiterer Vorteil dieser Vorgehensweise: Erzählt man selbst, läßt sich leichter eine Argumentation entwickeln, die aus einem Guß ist, während das Zitieren längerer Auszüge den Text zerfasern kann.

Nachdem ich zur Verdeutlichung dessen, was ich sagen möchte, vorhin das Bild des Bildhauers und seiner Plastik verwendet haben, kommt mir zu dem Arbeitsschritt, den ich nun näher betrachten will, ein anderes Bild in den Sinn: das des

Cutters. Der Cutter hat eine Geschichte und einen Stapel *rushes* vor sich liegen, und seine Aufgabe besteht nun darin, sie durchzusehen, eine Auswahl zu treffen, die Einzelteile an einem exakten Ort zu plazieren, milimetergenau zu schneiden und die Übergänge zu glätten. Genau dasselbe muß der Forscher mit seinem Interviewmaterial tun. Er muß den richtigen, genau an diese Stelle seiner Argumentation passenden Interviewauszug auswählen, also einen, der sich gut einfügt und aussagekräftig ist, und er muß all das weglassen, was nichts beiträgt oder im Hinblick auf die Argumentation marginal ist (genauso wie er auch einige theoretische Literaturhinweise weglassen muß – auch wenn es ihn noch so viel Mühe gekostet hat, diese Literatur zu lesen). Auch hier ist das Ziel nicht, einfach nur möglichst viel anzusammeln, Interviewauszüge zu notieren und dann im Text zu zitieren. Viele Karteikarten zu haben ist vielmehr deshalb ein Vorteil, weil man dann eine große Auswahl hat. Der Abfall sollte zwar nicht ganz so umfangreich ausfallen wie beim Cutten und Montieren eines Films, aber wenn 20 bis 30 Prozent der Karteikarten aussortiert werden (weil sie wenig aussagekräftig oder für das, was gezeigt werden soll, nicht wesentlich sind), trägt das dazu bei, daß die Argumentation »Muskeln bekommt« und überzeugend wird.

3. Das Schreiben

3.1. Mit leichter Feder

Zunächst ist es also wichtig, daß der Forscher mit Hilfe seines theoretischen Rahmens die Kontrolle über sein empirisches Material bewahrt. Dann geht es darum, auch während des Schreibens die Kontrolle über Material und Theorie zu behalten, Abstand zu nehmen, einen übergeordneten Standpunkt einzunehmen und mit leichter Feder zu schreiben. Dabei geht es nicht nur um die Qualität des Schreibens an sich (obwohl die natürlich wichtig ist), sondern auch um die der Argumentation. Wie schon gesagt, funktionieren die theoretischen Konzepte wie ein Hypertext, das Enddokument hingegen muß in linearer Form verfaßt sein. Damit dieser Übergang gelingt, muß sich der Forscher noch mehr von der eigentlichen Theoriearbeit lösen und dem Argumentationsaufbau zuwenden. Klebt er zu sehr an den Ideen, die am Anfang seiner Untersuchung standen, dann läuft er Gefahr, den roten Faden zu verlieren. Auch sollte man zu diesem Zeitpunkt nicht noch einmal alle Karteikarten, die man zu den Interviews erstellt hat, hervorholen. Statt dessen sollte man sich beim Schreiben von Zeit zu Zeit von den Karten lösen und erst wieder auf sie zurückkommen, wenn man etwas überprüfen oder illustrieren möchte, um sie danach aber erstmal wieder beiseite zu legen. Außerdem kommen einem beim Verfassen des Textes immer wieder neue theoretische Ideen, die einen zum Nachdenken bringen und davon abhalten, sich ausschließlich auf das Schreiben zu konzentrieren. Dieses letzte Problem ist allerdings relativ leicht zu lösen. Denn eine solche theoretische Reflexion »der letzten Stunde« kann durchaus zum Charakter dieser letzten Arbeitsphase passen, in der ja die Arbeit am Argumentationsaufbau an erster Stelle steht. Auf keinen Fall sollte man jedoch den »Fragekatalog« nochmals ganz aufschlagen, so wie man das am Anfang der Forschung getan hat. Das mag vielleicht schade für die Hypothese sein, aber sie ist nun einmal dazu verdammt, zu diesem Zeitpunkt nur noch eine schnelle Behandlung zu erfahren, denn jetzt stehen ästhetische Kriterien im Vordergrund.

3.2. Aufrichtigkeit

Die Verständlichkeit des Schreibstils dient nicht dazu, das Lesen gefälliger zu machen, sondern ist ein Werkzeug im Dienste der Wissenschaftlichkeit. Mit Hilfe eines verständlichen Schreibstils können der Argumentationsaufbau in den Vordergrund gerückt, die zentralen Konzepte hervorgehoben und das theoretische Modell untermauert werden. Dabei soll die empirische Arbeit nicht etwa in Vergessenheit geraten, sondern überprüft werden. Deshalb muß auch um so rigoroser auf Verständlichkeit geachtet werden, je mehr man sich beim Schreiben vom Wortlaut auf den Karteikarten entfernt.

Allgemeiner gesprochen erfordert die Methode des verstehenden Interviews von Seiten des Forschers eine große Aufrichtigkeit. Mehr als bei anderen Methoden basieren hier Qualität und Wissenschaftlichkeit der Arbeit auf der interpretativen Freiheit. Deshalb ist es ein absolutes Muß, daß der Forscher im Hinblick auf diese Freiheit nicht zu weit geht, daß er also beispielsweise Interviewauszüge nicht unbedacht zitiert oder eine Lebensgeschichte nicht einfach so erzählt wie er sie gerne hätte. Falls er doch diesen falschen Weg einschlägt, sollte er wissen, daß das nicht ungestraft bleibt. Zunächst läuft er Gefahr, daß seine Unaufrichtigkeit – zumindest langfristig gesehen – ans Tageslicht kommt (die Wahrhaftigkeit von Detailbeobachtungen läßt sich viel leichter kontrollieren als man annehmen könnte: der aufmerksame Leser hat ein sehr genaues Gespür dafür, ob ein Forschungsbericht richtig klingt). Des weiteren und vor allem: Mit einem solchen Vorgehen verdammt er sich selbst dazu, auf der Stelle zu treten und nicht mehr weiterzukommen, denn wertvolle Ergebnisse ergeben sich nur aus der

Wahrheit, die das Material bis hin in seine kleinsten Details enthält. Das gilt es immer und in jedem Fall zu respektieren.

Aufrichtigkeit im Umgang mit dem Material äußert sich nicht primär darin, daß man die Interviews sorgfältig und wörtlich niederschreibt. Es geht vielmehr darum, das plastisch werden zu lassen, was ihnen ihren Sinn verleiht, zu kommentieren, wenn ein Satz von sich aus nicht genug aussagt, in einem lebendigen Stil zu schreiben, wenn es die Situation erfordert. Wenn die Person laut aufgelacht hat und dieses Lachen eine Bedeutung hat, dann muß man das den Leser wissen lassen. Wenn sie nur leise vor sich hinmurmelt, weil sie das Gefühl hat, sie könnte ihren Standpunkt hier nicht deutlich äußern, dann muß das gesagt werden. Wenn sie sich aufregt, muß der richtige Tonfall gefunden werden, um ihre Wut zu beschreiben.

Die Interviewauszüge sollten zwar kurz gehalten, jedoch auch so nah wie möglich am Original zitiert werden. Gestotter, das etwas aussagen könnte, darf nicht einfach weggelassen werden, und derbe Ausdrücke müssen ihrem genauen Wortlaut nach wiedergegeben werden. Wenn jemand »Scheiße« sagt und man nur »Sch...« schreibt oder den Begriff beschämt ganz wegläßt, dann geht die Intensität dieses Satzes verloren. Desweiteren sollte man ruhig ausgiebig von den Möglichkeiten der Zeichensetzung Gebrauch machen, um Sprachrhythmus und Tonfall zum Ausdruck zu bringen. Orthographische Vorsicht walten zu lassen und auf zu viele Ausrufezeichen (die in der gesprochenen Sprache häufiger sind als in der geschriebenen) zu verzichten, bedeutet keineswegs, der Wahrheit näher zu sein. Hier zählt nicht grammatikalische Orthodoxie, sondern die Wahrheit, die in dem Material steckt. Das heißt, Punkt und Komma müssen da gesetzt werden, wo die befragten Personen sie setzen. Deshalb muß genau auf den Rhythmus der Sätze geachtet werden, bevor sie unter Zuhilfenahme von Klammern, Gedankenstrichen und anderen Satzzeichen niedergeschrieben werden. Im folgenden möchte ich das Beispiel einer Frau anführen, die Oben-Ohne machte und ziemlich wütend auf einen Spanner war, der sie nicht aus den Augen ließ. Eine vorsichtige

Transkription hätte folgendermaßen aussehen können: »Du gehst baden, er geht baden, und dann schwimmt er nicht einmal«. Die genaue Transkription jedoch ist die: »Du gehst baden: er geht baden. Und dann schwimmt er nicht einmal!«

3.3. Der Stil

Als die Soziologie Anfang dieses Jahrhunderts an der Sorbonne Einzug hielt, vollzog sich dies keineswegs konfliktfrei oder ohne Wirbel. Denn das von Emile Durkheim vertretene Verfahren der rigorosen und systematischen Objektivierung menschlicher Tatbestände erregte Anstoß angesichts der Tradition des literarischen Essayismus mit vage soziologischem Anspruch, die in Frankreich ganz besonders ausgeprägt war (Barou, 1992). Daß sich die Soziologie in diesem Kontext also erst durchsetzen mußte, ließ sie den Bogen überspannen: Ihr Stil war dicht und schwer, unpersönlich, ohne jede Eleganz noch Emotion, um so die Besonderheit des objektivierenden Ansatzes besonders hervorzuheben. Wir sind heute immer noch direkte Erben dieser Geschichte. Eine Disziplin definiert sich in hohem Maße durch ihren Stil, und der Stil der Soziologie definiert sich teilweise als Gegensatz zu allem, was als literarisch gelten könnte. Natürlich findet man innerhalb dieses engen Rahmens auch schöne soziologische Texte, eine Poesie des dichten Formulierens, eine Musik aus unfaßbaren Ausdrucksweisen, ein wahres Festmahl für den akademischen Mikrokosmos. Und der Studierende gerät unausweichlich in Versuchung, solche Vorbilder zu imitieren, indem er seinen Text mit theoretischen Formeln spickt, deren Begriffe gerade in Mode sind, selbst wenn er sie gar nicht richtig beherrscht. Die »verbale Orthodoxie« (Passeron, 1991, S. 142) und die »ostentative Anwendung lexikalischer Genauigkeit« trägt in solchen Fällen dazu bei, »die Illusion zu erzeugen, dahinter stehe eine allgemeine Theorie« (S. 143). Doch das Resultat, das dabei herauskommt, entspricht keineswegs immer den Erwartungen. Ein Text wird nun einmal nicht dadurch soziologisch, daß man ihn mit Begriffen spickt, die der soziologischen Kultur entnommen sind. Im Fall einer besonders aufgebauschten und übertriebenen oder gar ihrem eigentlichen Sinn zuwiderlaufenden und nicht zum Thema passenden Anwendung der Begrifflichkeiten kann es zu besonders verheerenden Folgen für den Text kommen. Zwar ist es nicht prinzipiell verurteilenswert, wenn man versucht, noch beim Verfassen des Textes sein theoretisches Niveau zu heben und sich von guten akademischen Texten inspirieren zu lassen, aber man sollte seine eigenen Fähigkeiten im Blick behalten und nicht auf gut Glück irgendwelche abstrakten Begriffe in den Text streuen.

Abgesehen davon ist es auch möglich, den Bericht in einem ganz anderen, einfacheren und persönlicheren Stil zu schreiben, sofern man die Anforderungen an eine wissenschaftliche Forschungsarbeit beachtet. Manche Autoren haben sich auch vollständig über letztere hinweggesetzt und ganz auf das Schreiben konzentriert, wie beispielsweise Pierre Sansot mit seinem poetischen Stil oder Jean-François Laé, der im Stil eines Romans schrieb. Der Studierende, der sich auf sein Examen vorbereitet, kann sich solche Freiheiten jedoch nicht herausnehmen; er bewegt sich in einem strikt wissenschaftlichen Rahmen, den er auch nicht verlassen darf. Doch innerhalb dieses Rahmens kann er durchaus eine Art und Weise zu schreiben entwickeln, die sich merklich von dem unterscheidet, was er für das Modell jeglichen soziologischen Schreibens hält. Das gilt vor allem dann, wenn seine Untersuchung auf dem verstehenden Interview basiert, denn hier gründet sich die Theorie auf eine Argumentation, die Schritt für Schritt und in der direkten Konfrontation mit dem empirischen Material entwickelt wird, und der Kern der wissenschaftlichen Objektivierung besteht in diesem Argumentationsfaden. Dabei ist es durchaus vorstellbar, daß im Erzählstil und in einfacher, lebendiger Form geschrieben wird. Ein freierer Schreibstil steht also keineswegs im Gegensatz zur wissenschaftlichen Objektivierung; er ist Teil ihrer neuen Gestalt.

Während der Forscher seinen Text redigiert und seine Argumente ausführt und aufeinander bezieht, um die zentralen Konzepte herauszuarbeiten, sollte er auf Klarheit achten. Statt dem Ganzen, nur um es besonders theoretisch erscheinen zu lassen, einen fachsprachlichen Anstrich oder sonstige Trübungen zu verpassen, sollte er sich darum bemühen, alles wegzulassen, was den Text eher unklar werden läßt. Auf diese Weise erlangen die Argumente, die das Herz einer lebendigen Theorie bilden, die größte Überzeugungskraft. Natürlich kann nicht alles auf einfache Weise geschrieben werden; wenn die Verknüpfung verschiedener Konzepte komplex ist, dann kann dieser Zusammenhang nicht in drei fröhlichen Worten vermittelt werden. Und doch ist es fast immer möglich, einfachere Worte zu finden oder die Zusammenhänge einleuchtender zu formulieren. Es ist auch keineswegs verboten, einen lebendigen, persönlichen Text zu schreiben: das ist der Sache durchaus förderlich, solange dieser Stil der Weiterentwicklung der Theorie dient. Natürlich besteht dadurch auch die Gefahr, abzudriften oder die Konstruktion des Gegenstands nicht mehr mit der nötigen Stringenz zu verfolgen. Ebenso birgt die Möglichkeit, Beispiele und Metaphern zu verwenden, das Risiko, sich damit die Mühe einer systematischeren Beweisführung zu ersparen. Deshalb sei hier noch einmal gesagt: Alles ist eine Frage der Kontrolle über den Forschungsprozeß; je fester der Forscher seine Zügel in der Hand hält, um so mehr Freiheiten kann er sich nehmen, ohne die wissenschaftliche Bedeutung seiner Arbeit zu schmälern. Diese kann dadurch sogar noch an Bedeutung gewinnen.

3.4. Das doppelte Publikum

Studierende, die ihre Abschlußarbeit verfassen, klagen manchmal darüber, daß das Publikum, das ihre Arbeit lesen wird, so klein ist (besonders wenn sie an die immense Arbeit denken, die sie dafür investiert haben): drei oder vier Leser, im besten Fall zehn. Dieser Nachteil hat jedoch auch seine positive Seite:

Die Studierenden wissen ganz genau, für wen sie schreiben, und sie müssen in der Tat auch für ein ganz präzises Publikum schreiben.

Wenn der Forscher das Glück hat, in größerem Rahmen publizieren zu können, wird die Sache schon komplizierter. Für wen soll er schreiben? Manche behalten den Stil ihres Mikrokosmos bis zum kleinsten Komma bei, und ihr Publikum beschränkt sich entsprechend auf mikroskopische Dimensionen. Andere hingegen schreiben in einer sehr lebendigen (oder politischen) Sprache, die dem Zeitgeist entspricht, setzen dabei aber ihre Soziologenseele aufs Spiel. Tatsächlich ist es eine höchst schwierige Angelegenheit, verschiedene Publika zu integrieren; jede zu starke Betonung der einen Richtung führt sofort dazu, daß man der anderen nicht mehr gerecht wird – entsprechend dem Prinzip, daß man einen Groschen nicht zweimal ausgeben kann.

Angesichts dieser Schwierigkeit bietet das verstehende Interview eine Chance, die nicht nur mit dem Schreibstil zu tun hat, sondern darüber hinaus mit der Art und Weise der Konstruktion des Forschungsgegenstands. Anselm Strauss (1995) hat erläutert, warum die *Grounded Theory* die Möglichkeit eröffnet, einem doppelten Publikum, zwei klar voneinander getrennten Öffentlichkeiten, gerecht zu werden: Die Tatsache nämlich, daß die Theorie ausgehend von der Untersuchung eines konkreten gesellschaftlichen Tatbestands entwickelt wird, ermöglicht zwei verschiedene Zugänge, die auf zwei Kategorien von Lesern verweisen. »Diese beiden setzen einfach nur nicht dieselben Brillen auf« (S. 61). Der normale Mensch, Kenner der oder neugierig auf die konkreten Fakten, liest die Geschichten und faktischen Beschreibungen, überfliegt die Ideen und taucht hier und da, wenn er etwas besonders gut nachvollziehen kann, etwas tiefer ein. Der Wissenschaftler hingegen hat zwei Möglichkeiten. Er kann diesen Text, der auf der Grundlage des verstehenden Interviews entstanden ist, als einen angenehmen, ja sogar entspannenden Text lesen, und seine Lektüre ähnelt dann derjenigen des gewöhnlichen Menschen. Das ist durchaus sein gutes Recht. Aber er kann ihn auch unter dem Aspekt seines theoretischen Beitrags lesen. Diese letzte Option erfordert vom Leser jedoch eine gewisse persönliche Anstrengung. In der klassischen Theorie sind die Konzepte direkt zugänglich; sie werden vom Konkreten abgeleitet, klar erläutert und in konsumfertiger Form geliefert. In der empirisch fundierten Theorie werden sie direkt, in der ständigen Konfrontation mit dem Konkreten formuliert. Davon lösen sie sich auch nur höchst selten; einen sehr hohen Abstraktionsgrad findet man nur ausnahmsweise, in kurzen Abschnitten (es sei denn, es werden noch einige eher klassische Kapitel verfaßt). Denn schließlich ist es ja gerade ihre konkrete Genese, die ihre Kraft und ihren Reichtum ausmacht. Selbstverständlich deckt sich das Interesse des Lesers nie vollständig mit den behandelten Tatsachen. Will er aus seiner Lektüre einen theoretischen Nutzen ziehen, muß er also das, was bei ihm auf eine gewisse Resonanz gestoßen ist und ihm nützlich erscheint, extrahieren, auch wenn das Konzept noch gar nicht richtig ausgereift ist. Er muß Querverbindungen ziehen und einige der Instrumente, von denen er gesehen hat, wie sie eingesetzt wurden, übernehmen, für andere Arbeiten verwenden und sie weiterentwickeln. Auch der Leser muß also in diese verstehende Logik und die daraus resultierende fortwährende Problematisierungsarbeit mit einsteigen. Das verstehende Interview ist kein Angebot an fixfertigen Konzepten, sondern viel eher eine ständig arbeitende und immer geöffnete Fabrik für provisorische Werkzeuge.

Schlußbemerkung

Als explizites Wissen kann Methodologie nur in kleinen Dosen vermittelt werden; auch das beste Handbuch wird immer nur einige Werkzeuge liefern können. Die Erfahrung ist durch nichts zu ersetzen. Deshalb möchte ich denjenigen, die mit diesem Buch arbeiten wollen, die folgenden Ratschläge geben. Nachdem man das Buch ganz gelesen hat, um seine grundsätzliche

Logik zu verstehen, sollte man es im Grunde zunächst einmal wieder vergessen, sich seine eigenen, an die geplante Untersuchung angepaßten Instrumente formen und seine ganz persönliche Methode entwickeln. Jedoch nicht, indem man tabula rasa mit der Vergangenheit macht, sondern indem man die Prinzipien, von denen hier und da (und besonders in diesem Buch) die Rede war und die einem nützlich erscheinen, mit verarbeitet. Wichtig ist die selektive Verinnerlichung des Gelernten, seine Integration in eine persönliche Vorgehensweise und das Beherrschen einer übergreifenden Logik. Und ich hoffe, daß dabei darauf geachtet wird, die von mir vorgeschlagenen Werkzeuge nicht sinnwidrig zu verwenden (etwa indem eine weiche, veränderbare Stichprobe für eine systematische und deskriptive Untersuchung herangezogen wird). Bevor die vorgestellten Techniken unter Umständen in einen anderen Rahmen übernommen werden, müssen sie immer zuerst im Geiste des Gesamtkonzepts des verstehenden Interviews interpretiert werden.

Dieser Ratschlag sollte nicht falsch verstanden werden, etwa als Aufruf zur Freiheit ohne Regeln, zur anarchischen Improvisation. Das verstehende Interview ist eine kreative Methode, die darauf beruht, daß sie mit weichen Instrumenten arbeitet. Aber es ist keine einfache oder regellose Methode, ganz im Gegenteil. Um das verständlich zu machen, habe ich das verstehende Interview in diesem Buch zunächst einmal mit strengeren Methoden kontrastiert. Es ist möglich, daß durch diese Unterscheidung (die keine Kritik war) das Interesse derjenigen Studierenden geweckt wurde, die begeisterte Anhänger der Idee einer unbeschwerten und lockeren Soziologie sind. Doch ohne Arbeit und ohne Strenge ist keine gute soziologische Forschung vorstellbar. Gerade das verstehende Interview ist in dieser Hinsicht sehr fordernd, obwohl es ein weiches Instrument ist. Es ist auch keine Methode, die direkt verfügbar ist, sondern wird immer noch genauer ausgearbeitet und weiterentwickelt werden müssen.

Bereits im Zuge seiner ersten Forschungsarbeit geht der Studierende über ein rein abstraktes methodologisches Wissen hinaus. Er kann gar nicht anders als selbst mitanzufassen und die entsprechenden Werkzeuge auszuwählen. Dann denkt er auch nicht mehr in Begriffen einer allgemeinen Methode, vielmehr steckt er bis über beide Ohren in seiner Untersuchung und versucht, ganz konkret in einem präzisen Kontext zurechtzukommen. Einige der Entscheidungen, die er treffen wird, werden sich als falsch herausstellen, und er wird bei künftigen Untersuchungen anders entscheiden. Andere sind zwar vielleicht gut, aber so speziell an eine bestimmte Untersuchung geknüpft, daß sie nicht auf spätere übertragen werden können. Und schließlich wird es auch Entscheidungen geben, die zur Grundlage seiner eigenen, persönlichen (im Entstehen begriffenen) Methode werden und die er – sofern er das Glück hat, sein Leben der Soziologie widmen zu können – mit hoher Wahrscheinlichkeit sein ganzes Leben lang beibehalten (und perfektionieren) wird. Wichtig sind immer die ersten Schritte.

Auswahlbibliographie

Althusser, L. (1959), *Montesquieu,* in: Gesammelte Schriften: Machiavelli, Montesquieu, Rousseau, Bd. 2, Hamburg, Argument.

Bardin, L. (1977), *L'Analyse de contenu,* Paris, PUF.

Barou, J. (1992), »Littérature et sociologie«, *Informations sociales,* Nr. 20.

Battagliola, F., Bertaux-Viame, I., Ferrand, M., Imbert F. (1993), »À propos des biographies: regards croisés sur questionnaires et entretiens«, *Population,* Nr. 2.

Berger, P. (1984), *Einladung zur Soziologie: eine humanistische Perspektive,* München, dtv.

Berger, P., Luckmann, Th. (1997), *Die gesellschaftliche Konstruktion der Wirklichkeit. Eine Theorie der Wissenssoziologie,* 14. Aufl., Frankfurt, Fischer.

Bertaux, D. (1988), »Fonctions diverses des récits de vie dans le processus de recherche« , *Sociétés,* n° 18.

Blanchet, A. (Hg.) (1985), *L'Entretien dans les sciences sociales,* Paris, Dunod.

Blanchet, A., Gotman, A. (1992), *L'Enquête et ses méthodes: l'entretien,* Paris, Nathan.

Boudon, R. (1990), *L'Art de se persuader,* Paris, Fayard (engl. Ausgabe: (1994), *The art of self-persuasion: the social explanation of false beliefs,* Oxford Polity Press).

Bourdieu, P. (1997), »Verstehen«, in: *Das Elend der Welt. Zeugnisse und Diagnosen alltäglichen Leidens an der Gesellschaft,* Konstanz, UVK.

Bourdieu, P. (1988), Préface à Rabinow Paul, *Un ethnologue au Maroc. Réflexions sur une enquête de terrain,* Paris, Hachette.

Bourdieu, P. (1992), *Réponses,* Paris, Seuil (dt.: Bourdieu, P., Wacquant, L. (1996), *Reflexive Anthropologie,* Frankfurt, Suhrkamp).

Cibois, Ph. (1985), »Belle-Île: débat de presse sur un été chaud. Étude par la méthode »synoptique«, *Déviance et société*, Bd. 9, Nr. 4.

Corcuff, Ph. (1995), *Les Nouvelles Sociologies*, Paris, Nathan.

Crettaz, B. (1987), »Un chercheur et son identité ou de la recherche comme essai«, in: Kellerhals, J., Lalive d'Épinay, Christian, *La Représentation de soi*, Cercle d'analyse »Médiations«, Université de Genève.

Douglas, J. (1976), *Investigative Social Research*, Beverly Hills/London, Sage Publications.

Douglas, M. (1990), »La conaissance de soi«, *La revue du MAUSS*, Nr. 8.

Durkheim, E. (1994), *Die Regeln der soziologischen Methode*, Frankfurt, Suhrkamp.

Elias, N. (1983), *Engagement und Distanzierung. Wissenssoziologische Aufsätze*, 3. Bd., Frankfurt, Suhrkamp.

Elias, N. (1990), *Über sich selbst*, Frankfurt, Suhrkamp.

Elias, N. (1991), *Die Gesellschaft der Individuen*, Frankfurt, Suhrkamp.

Elias, N. (1996), *Was ist Soziologie*, 8. Aufl., Weinheim, Juventa.

Elster, J. (1985), *The Multiple Self*, Cambridge University Press.

Frugoni, A. (1993), *Arnaud de Brescia*, Paris, Belles Lettres.

Gauchet, M. (1985), *Le Désenchantement du monde*, Paris, Gallimard.

Geertz, C. (1987), *Dichte Beschreibung. Beiträge zum Verstehen kultureller Systeme*, Frankfurt, Suhrkamp.

Gotman, A. (1985), »La neutralité vue sous l'angle de l'E.N.D.R.«, in: Blanchet, A. (Hg.), *L'Entretien dans les sciences sociales*, Paris, Dunod.

Gullestad, M. (1992), »Reflections of an Anthropological Computer«, in: *The Art of Social Relations*, Oslo, Scandinavian University Press.

Jousse, M. (1974), *L'Anthropologie du geste*, Paris, Gallimard.

Jullien, F. (1995), *Le Détour et l'Accès*, Paris, Grasset.

Kaufmann, J.-C. (1993), *Schmutzige Wäsche. Zur ehelichen Konstruktion von Alltag*, Konstanz, UVK.

Kaufmann, J.-C. (1996), *Frauenkörper – Männerblicke*, Konstanz, UVK.

Laé, J.-F. (1992), »L'embarras des perceptions«, *Informations sociales*, Nr. 20.

Léger, J.-M., Florand, M.-F. (1985), »L'analyse de contenu: deux méthodes, deux résultats?«, in: Blanchet, A. (Hg.), *L'Entretien dans les sciences sociales*, Paris, Dunod.

Loubet Del Bayle, J.-L. (1989), *Introduction aux méthodes des sciences sociales*, Toulouse, Privat.

Maroy, C. (1995), »L'analyse qualitative d'entretiens«, in: Albarello, L., Digneffe, F., Hiernaux, J.-P., Maroy, C., Ruquoy, D., de Saint-George, P., *Practiques et méthodes de recherche en sciences sociales*, Paris, Armand Colin.

Mauger, G. (1991), »Enquêter en milieu populaire«, *Genèses*, Nr. 6.

Mayer, N. (1995), »L'entretien selon Pierre Bourdieu«, *Revue française de sociologie*, XXXVI–2.

Messu, M. (1990), »Subjectivité et analyse de contenu«, *Cahier de Recherche*, CREDOC, Nr. 6.

Messu, M. (1991), »L'analyse propositonelle du discours«, *Cahier de recherche*, CREDOC, Nr. 15.

Messu, M. (1992), »L'analyse des relations par opposition«, *Cahier de recherche*, CREDOC, Nr. 31.

Michelat, G. (1975), »Sur l'utilisation de l'entretien non directif en sociologie«, *Revue française de sociologie*, XVI–2.

Mills, C.W. (1973), *Kritik der soziologischen Denkweise* (engl. Original: (1963) *The sociological imagination*, Oxford University Press.

Passeron, J.-C. (1991), *Le Raisonnement sociologique*, Paris, Nathan.

Peneff, J. (1990), *La Méthode biographique*, Paris, Armand Colin.

Poirier, J., Clapier-Valladon, S., Raybaut, P. (1983), *Les récits de vie. Théorie et practique*, Paris. PUF.

Pugeault, C. (1995), »Introduction à la sociologie«, in: Despret, V., Gossiaux P., Pugeault C., Yzerbyt V., *L'Homme en société*, Paris, PUF.

Quivy, R., Van Campenhoudt, L. (1988), *Manuel de recherche en sciences sociales*, Paris, Dunod.

Rabinow, P. (1988), *Un ethnologue au Maroc. Réflexions sur une enquête de terrain*, Paris, Hachette.

Rogers, C. (1942, frz. Übersetzung 1977), *La relation d'aide et la psychothérapie*, Paris, ESF.

Schwartz, O. (1993), »L'empirisme irréductible«, Nachwort zu: Nels Anderson, *Le Hobo*, Paris, Nathan.

Sagalyn, A. (Hg.) (1988), *Voies de pères, voies de filles*, Paris, Maren Sell.

Simonot, M. (1979), »Entretien non directif, entretien non préstructuré: pour une validation méthodologique et une formalisation pédagogique«, *Bulletin de psychologie*, Nr. 343.

Singly, F. de (1992), *L'Enquête et ses méthodes: le questionnaire*, Paris, Nathan.

Strauss, A., Corbin, Juliet (1995), *Grounded Theory: Grundlagen Qualitativer Sozialforschung*, Weinheim, Psychologie Verlags Union.

Terrail, J.-P. (1995), *La Dynamique des générations. Activité individuelle et changement social* (1968/1993), Paris, L'Harmattan.

Weber, M. (1988*), Gesammelte Aufsätze zur Wissenschaftslehre*, 7. Aufl., Tübingen, J. C. B. Mohr.

édition discours

UVK

Klassische und zeitgenössische Texte der französischsprachigen Humanwissenschaften

Herausgegeben von Franz Schultheis und Louis Pinto